Aprendiendo JavaScript

Aprende las bases del lenguaje web más demandado.
Desde cero hasta ECMAScript 6+.

Carlos Azaustre

Aprendiendo JavaScript

Aprende las bases del lenguaje web más demandado.
Desde cero hasta ECMAScript 6+.

Carlos Azaustre

ISBN 9798700179263

¡Tuitea sobre el libro!

Por favor ayuda a Carlos Azaustre hablando sobre el libro en Twitter!

El tuit sugerido para este libro es:

Acabo de leer el ebook "Aprendiendo JavaScript" de @carlosazaustre

El hashtag sugerido para este libro es #aprendiendojavascript.

Descubre lo que otra gente dice sobre el libro haciendo clic en este enlace para buscar el hashtag en Twitter:

#aprendiendojavascript

A Paola, Aroa y Elon.

Índice general

Notas de la 2ª Edición

Aprendiendo JavaScript

- 2ª Edición: Enero 2021
  - Versión 2.1: 26 de Enero de 2021
  - Versión 2.0: 24 Enero de 2021
- 1ª Edición: Abril 2016
  - Versión 1.2: 19 de Abril de 2016
  - Versión 1.1: 4 de Abril de 2016

Agradecimientos a **Miguel Ruiz**, **Leonel Contreras** y **Borja Campina** por su feedback y revisión para la versión 1.1 de este ebook.

Más agradecimientos a **Chuchurex** y **Nelson Rojas** por sus aportes para la revisión 1.2 de este eBook.

Agradecimientos especiales a **Joan León**[1] por su revisión y feedback para las versiones 2.0 y 2.1.

Ilustración de portada por Fedde Carroza (@runninmen)[2].

Sobre el autor

Carlos Azaustre, Madrid (España), 1984.

Desarrollador JavaScript con 10 años de experiencia, formador y divulgador de tecnología.

Ha trabajado en empresas como Google, IBM Research y Eventbrite. Además de cofundar su propia Startup y trabajar como Freelance.

Reconocido por *Google como Developer Expert* (GDE) en Tecnologías Web.

Es un amante del autoaprendizaje a través de internet.

Puedes seguir sus artículos y tutoriales en su blog carlosazaustre.es[3], su canal de YouTube[4] y su canal de Twitch[5]

---

[1] https://joanleon.dev
[2] https://instagram.com/runninmen
[3] https://carlosazaustre.es
[4] https://youtube.com?sub_confirmation=1
[5] https://twitch.tv/carlosazaustre

Introducción

JavaScript es el lenguaje de la web. Si necesitas programar en un navegador web, necesitas JavaScript. Bien es cierto que puedes utilizar otros lenguajes, como Dart, pero el estándar es JavaScript.

Gracias a él tenemos aplicaciones como Gmail, o Twitter, que son fuertemente dinámicas y hacen que la experiencia de uso sea mucho mejor que antaño, cuando las páginas web tenían que recargarse cada vez que realizábamos una acción.

Es un lenguaje muy demandado en la industria hoy en día, ya que además de utilizarse en el navegador, también puede usarse en el lado del servidor (Node.js). Con la multitud de frameworks que existen pueden crearse *Single Page Applications* que emulan la experiencia de una aplicación móvil en el navegador. También pueden crearse aplicaciones híbridas con herramientas como Ionic y Cordova. ¿Has oído hablar del desarrollo basado en componentes? Te sonarán entonces Polymer y/o React. Con React Native puedes crear aplicaciones nativas para iOS y Android con únicamente JavaScript. ¿Aplicaciones Isomórficas? Hoy en día todo es posible con JavaScript.

Si es la primera vez que te incursas en el mundo web, te puede resultar abrumadora la cantidad de herramientas, preprocesadores, frameworks, etc.. Pero siempre que empezamos, cometemos el mismo error. Aprendemos la herramienta antes que el lenguaje.

Por eso me he animado a escribir este ebook que estás leyendo ahora mismo. Para enseñarte desde las bases hasta las más recientes novedades y patrones de diseño utilizando JavaScript puro (también llamado *Vanilla JS*). Una vez conoces las bases del lenguaje, ya puedes adentrarte en cualquier herramienta del mundo web.

A partir de que fue aprobada la versión 6 de ECMAScript, se reemplazó la anterior (v5.1) que habíamos usado varios años. Esta nueva versión trajo muchas novedades y cambios al lenguaje. En este ebook no he querido dejarlo de lado y hablo de cual es el equivalente en código entre la versión antigua (5.1) y la presente.

Espero que disfrutes del ebook tanto como yo lo he hecho escribiéndolo y actualizándolo para ti y te sirva para tu carrera profesional. Puedes encontrarme en las siguientes redes:

- En Youtube[6]
- En Twitch[7]
- En Instagram[8]
- Y en mi Web/Blog[9]

Sin más, te dejo con el ebook. ¡Disfruta y aprende!

---

[6]https://youtube.com/carlosazaustre?sub_confirmation=1
[7]https://twitch.tv/carlosazaustre
[8]https://instagram.com/carlosazaustre
[9]https://carlosazaustre.es

Breve historia de JavaScript

Antes de empezar con las particularidades del lenguaje, es conveniente conocer un poco de historia. De dónde viene JavaScript y cómo ha crecido su popularidad en los últimos años. ¡Prometo ser rápido y pasar cuanto antes al código!

Orígenes

En 1995, Brendan Eich (ex-CEO de Mozilla) desarrolló lo que sería la primera versión de JavaScript para el navegador Netscape Navigator. En aquel momento se llamó Mocha y después fue renombrado a LiveScript. El nombre de JavaScript se le dió debido a que Netscape añadió compatibilidad con Java en su navegador y era una tecnología muy popular en aquel momento. Además Netscape fue adquirida por Sun Microsystems, propietaria de la marca Java. Esto supone que hoy en día haya una pequeña confusión y mucha gente confunda Java con JavaScript o lo considere una extensión del lenguaje, pero no es cierto, hay que aclarar que Java y JavaScript no tienen nada que ver.

TC-39

En 1997 se crea un comité (llamado TC39[10]) para crear un estándar de JavaScript por la *European Computer Manufacturers Association, ECMA*. En ese comité se diseña el estándar del DOM, Document Object Model para, de esta manera, evitar incompatibilidades entre los navegadores. Es a partir de entonces cuando los estándares de JavaScript se rigen por ECMAScript[11].

---

[10]https://tc39.es/
[11]https://tc39.es/ecma262/

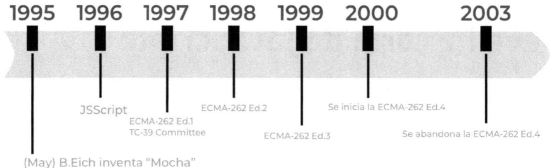

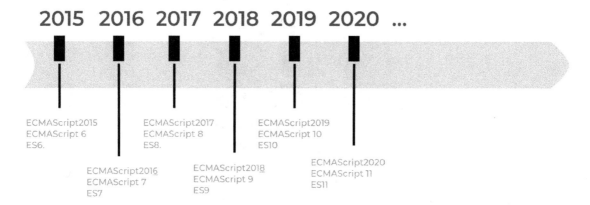

cronologia de javascript

En 1999 se estandariza la versión 3 de JavaScript que se mantuvo vigente hasta hace relativamente poco. Hubo algunos intentos de lanzar una versión 4, pero la que finalmente se estandarizó y sigue hasta el momento es la versión 5 de ECMAScript, aprobada en 2011.

En Junio de 2013 el borrador de la versión 6 se quedó parado, pero en diciembre de 2014 finalmente fue aprobado y se estandarizó en julio de 2015.

JavaScript fue diseñado para añadir efectos y animaciones a los sitios web , pero ha ido evolucionando mucho a lo largo de los años, convirtiéndose en un lenguaje multipropósito. Es a partir de 2005, con la llegada de GMail y su uso de la tecnología AJAX, *Asynchronous JavaScript And XML* (gracias al objeto *XMLHttpRequest* creado por Microsoft para Internet Explorer 5.0), lo que lanzó su popularidad.

Node.js

En 2009, Ryan Dahl creó Node.js. Node es un entorno de ejecución para JavaScript en el servidor a partir del motor V8 de renderizado de JavaScript que utiliza el navegador Chrome de Google. Node facilita la creación de aplicaciones de servidor altamente escalables. Hoy en día es muy popular para el desarrollo de Microservicios, APIs, aplicaciones web Full-stack, isomórficas, etc... Su comunidad es muy grande, y su sistema de paquetes y librerías NPM, *Node Package Manager*, (Aunque hoy en día ya no solo engloba paquetes de Node, tambien para JavaScript del lado cliente) está cerca del millón y medio de módulos, conviertiéndolo en el más grande de todos por delante de Java, Ruby, PHP, etc...

Module Counts

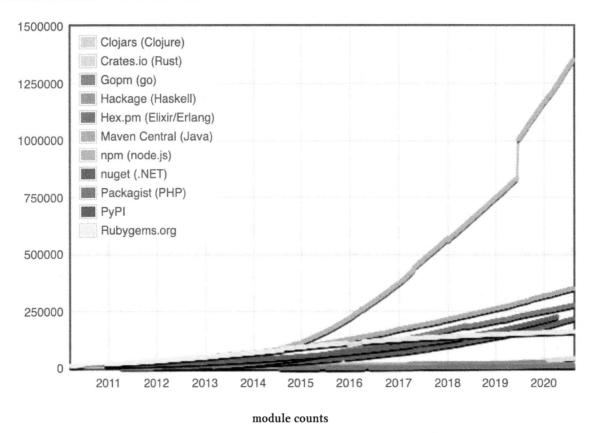

module counts

Fuente: Module Counts[12]

Hoy en día JavaScript se utiliza en muchos sitios, *Frontend, Backend, Server Side Rendering*, micro-controladores, *Internet of Things, wearables*, etc... Convirtiéndole en el lenguaje de programación del presente.

La última encuesta realizada por StackOverflow dirigida a personas dedicadas a la programación[13] refleja que JavaScript sigue siendo el lenguaje más utilizado con diferencia[14].

---

[12]http://www.modulecounts.com/
[13]https://insights.stackoverflow.com/survey/2020
[14]https://insights.stackoverflow.com/survey/2020#technology-programming-scripting-and-markup-languages

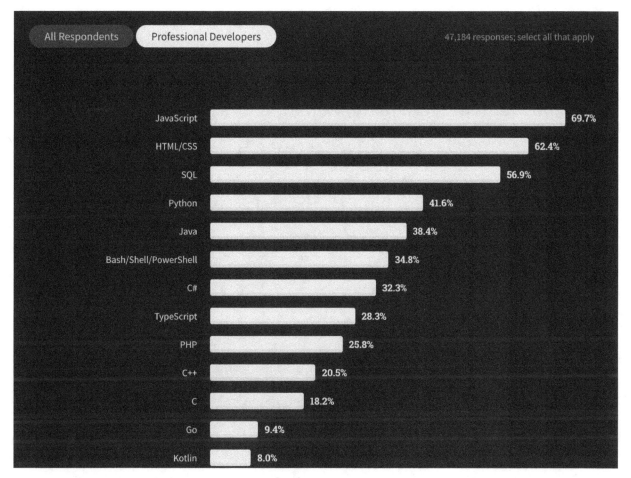

developer survey

Fuente: Stackoverflow 2020 Developer Survey[15]

Toda la documentación y referencia sobre JavaScript se puede encontrar en el sitio web de desarrolladores de Mozilla[16], muy recomendable de visitar cuando se tienen dudas sobre cómo se usa o implementa una función u objeto determinado.

---

[15]https://insights.stackoverflow.com/survey/2020
[16]https://developer.mozilla.org/es/docs/Web/JavaScript/Referencia

Tipos de variables

JavaScript es un lenguaje débilmente tipado. Esto quiere decir que no indicamos de qué tipo es cada variable que declaramos. Todas las variables admiten todos los tipos, y pueden ser reescritas. Es una de las cosas buenas y malas que tiene JavaScript.

Definición

Las variables son espacios de memoria donde almacenamos temporalmente datos desde los que podemos acceder en cualquier momento de la ejecución de nuestros programas. Tienen varios tipos y clases que veremos a continuación.

Para definir una variable en JavaScript, utilizamos la palabra reservada let y le damos un nombre, por ejemplo:

```
1   let miDato;
```

También le podemos asignar un valor en la misma línea que la declaramos, por ejemplo, a continuación a la variable dato le asignamos el valor 5 :

```
1   let dato = 5;
```

O podemos primero declarar la variable y más adelante, en otra línea, asignarle un valor:

```
1   let dato;
2   dato = 5;
```

Debemos intentar que los nombres de las variables sean lo más descriptivos posibles, de manera que con solo leerlos sepamos que contienen y así nuestros desarrollos serán más ágiles.

Los nombres de las variables siempre han de comenzar por una letra, el símbolo $ o _ , nunca pueden comenzar por números u otros caracteres especiales. JavaScript también distingue entre mayúsculas o minúsculas, por tanto no es lo mismo miDato que MiDato o miDato , para JavaScript son nombres diferentes y las tratará de manera diferente.

Tipos

JavaScript tiene 4 tipos primitivos de datos para almacenar en variables. Estos son:

- number
- boolean
- string
- undefined

number

Sirve para almacenar valores numéricos. Son utilizados para contar, hacer cálculos y comparaciones. Estos son algunos ejemplos:

```
1  let miEntero = 1;
2  let miDecimal = 1.33;
```

boolean

Este tipo de dato almacena un bit que indica true o false . Los valores booleanos se utilizan para indicar estados. Por ejemplo, asignamos a una variable el estado false al inicio de una operación, y al finalizarla lo cambiamos a true . Después realizamos la comprobación necesaria.

```
1  let si = true;
2  let no = false;
```

string

Las variables de tipo string almacenan caracteres o palabras. Se delimitan entre comillas simples o dobles. Ejemplo:

```
1  let dato = "Esto es un string";
2  let otroDato = "Esto es otro string";
```

undefined

Este tipo se utiliza cuando el valor de una variable no ha sido definido aún o no existe. Por ejemplo

```
1   var dato; // su valor es undefined
2   var dato = undefined;
```

Otro tipo de almacenamiento de datos que tiene JavaScript son los Objetos. En JavaScript todo es un objeto, hasta las funciones. Todo hereda de la clase `Object` . Se pueden definir como una estructura donde se agregan valores. Dentro de las clases que heredan de `Object` tenemos `Array` , `Date` , etc... que veremos más adelante.

Operadores

Operadores aritméticos

JavaScript posee operadores para tipos y objetos. Estos operadores permiten formar expresiones. Las más comunes son las operaciones aritméticas.

- **Suma de números:** `5 + 2`
- **Resta:** `5 - 2`
- **Operaciones con paréntesis:** `(3 + 2) - 5`
- **Divisiones:** `3 / 3`
- **Multiplicaciones:** `6 * 3`

El operador suma + también puede usarse para concatenar strings de la siguiente manera: `"Hola "` `+ "mundo" + "!"` tendrá como resultado `"Hola mundo!"`.

JavaScript también posee los operadores post y pre incremento y decremento que añaden uno o restan uno a la variable numérica en la que se aplican. Dependiendo si son pre o post, la variable es autoincrementada o decrementada antes o después de la sentencia. Veamos un ejemplo:

```
1  let x = 1; // x=1
2  let y = ++x; // x=2, y=2
3  let z = y++ + x; // x=2, y=3, z=4
```

Como vemos en el ejemplo, la sentencia y = ++x lo que hace es incrementar x, que valía 1 y pasa a tener el valor 2, y la asignación y = ++x hace que y valga lo que x , es decir 2.

En la última sentencia tenemos un postincremento, esto lo que hace es primero evaluar la expresión y después realizar el incremento. Es decir en el momento de la asignación z = y++ + x , y vale 2 y x también 2, por lo tanto z vale 4, y después de esta asignación y es incrementada pasando a tener el valor 3.

Operador typeof

El operador typeof es un operador especial que nos permite conocer el tipo que tiene la variable sobre la que operamos. Ejemplos:

```
1  typeof 5; // number
2  typeof false; // boolean
3  typeof "Carlos"; // string
4  typeof undefined; // undefined
```

Esto es muy útil para conocer en un momento dado qué tipo estamos utilizando y prevenir errores en el desarrollo.

Operadores booleanos

Los tipos booleanos sólo tienen dos valores posibles: true o false (*verdadero* y *falso*). Pero disponen de varios operadores que nos permiten transformar su valor.

Negación

Este operador convierte un valor booleando en su opuesto. Se representa con el signo ! . Si se utiliza dos veces, nos devuelve el valor original.

```
1  !true = false;
2  !false = true;
3  !!true = true;
```

Identidad o Igualdad

El operador de igualdad (o igualdad débil), se representa con == y el de identidad (o igualdad estricta), con === . Se recomienda el uso del operador de identidad (los 3 iguales) frente al de igualdad débil, ya que el coste de procesamiento de éste último es mucho mayor y sus resultados en ocasiones son impredecibles. Es una de las *partes malas* de JavaScript, pero si se tiene cuidado no tiene por qué darnos ningún problema.

La desigualdad estricta se representa con !== .

```
1  true === true; // true
2  true === false; // false
3  true !== false; // true
4  true !== true; // false
```

Comparación

Podemos comparar si dos valores son menores, mayores o iguales con los operadores de comparación representados por los símbolos < , > , <= y >= . El resultado de la comparación nos devuelve true o false dependiendo de si es correcto o no.

```
1  5 > 3; // true
2  5 < 3; // false
3  3 >= 3; // true
4  2 <= 1; // false
5  "a" < "b"; // true
```

Aunque se pueden utilizar comparaciones entre booleanos, *strings* y objetos se recomienda no usarlos ya que el orden que siguen no es muy intuitivo.

Operadores lógicos

Operadores AND

Es un operador lógico que devuelve true siempre que todos los valores comparados sean true . Si uno de ellos es false , devuelve false . Se representa con el símbolo && . Veamos un ejemplo

```
1  true && true; // true
2  true && false; // false
3  false && true; // false
4  false && false; // false
```

Es muy utilizado para devolver valores sin que estos sean modificados, por ejemplo para que devuelva true o el último valor, todos los valores deben ser true:

```
1  0 && true;
2  // 0, porque el número 0 se considera
3  // un valor "false"
4  1 && "Hola";
5  // "Hola", porque el número 1 (o distinto de 0)
6  // se considera un valor "true"
7  true && true && false
8  // Devolvería "false"
```

En el ejemplo comparamos 0 y true , como 0 es un valor que retorna false , nos devuelve ese valor. En el segundo ejemplo 1 es un valor que retorna true , por lo que nos devolverá el segundo "Hola" .

Operador OR

Es otro operador lógico que funciona a la inversa que AND. Devuelve false si los valores comparados son false . En el caso de que un valor sea true devolverá true . Se representa con el símbolo || .

```
1  true || true;  // true
2  true || false; // true
3  false || true;  // true
4  false || false; // false
```

También es muy utilizado para asignar valores por defecto en nuestras funciones. La lógica que sigue es: Si el primer valor es true, devuelve ese valor. Por ejemplo:

```
1  const port = process.env.PORT || 5000;
```

En este ejemplo, la variable port contendrá el valor de process.env.PORT siempre que esa variable esté definida, sino su valor será 5000.

Condicionales

Los condicionales son expresiones que nos permiten ejecutar una secuencia de instrucciones u otra diferente dependiendo de lo que estemos comprobando. Permiten establecer el flujo de ejecución de los programas de acuerdo a determinados estados.

Asignación condicional

Este tipo de asignación es también conocido como el *If simplificado* u *operador ternario.* un tipo de condicional que veremos más adelante. Sirve para asignar en una sola línea un valor determinado si la condición que se evalúa es true u otro si es false . La sintaxis es la siguiente:

```
1   condición ? valor_si_true : valor_si_false;
```

Si la condición devuelve true , retornará el valor de valor_si_true , y si es false el valor devuelto será el de valor_si_false . Veamos unos ejemplos:

```
1   (true) ? 5 : 2; // Devuelve 5
2   (false) ? 5 : 2; // Devuelve 2
```

Sentencia IF

Como hemos visto antes, dependiendo del resultado de una condición, obtenemos un valor u otro. Si el resultado de la condición requiere más pasos, en lugar de utilizar la asignación condicional, es mejor emplear la sentencia if . Tenemos 3 formas de aplicarlo:

if simple

```
1   if (condicion) {
2     bloque_de_codigo;
3   }
```

Si se cumple la condición dentro del paréntesis, se ejecuta el bloque de código incluido entre las llaves { ... }

if else

```
1   if (condicion) {
2     bloque_de_codigo_1;
3   } else {
4     bloque_de_codigo_2;
5   }
```

Con este tipo de sentencia, si se cumple la condición, pasa como el anterior modelo, se ejecuta el bloque de código 1, y si la condición a evaluar no se cumple, se ejecuta el bloque de código 2.

if/else if

Y por último, si queremos realizar varias comprobaciones, podemos concatenar varias sentencias if, else if, etc.. y se irán comprobando en orden:

```
1   if (condicion_1) {
2     bloque_1;
3   } else if (condicion_2) {
4     bloque_2;
5   } else if (condicion_3) {
6     bloque_3;
7   } else {
8     bloque_4;
9   }
```

En el ejemplo anterior, se comprueba la condición 1, si se cumple se ejecuta el bloque 1 y sino, se comprueba si cumple la condición 2 y en ese caso se ejecutaría el bloque 2, y así sucesivamente hasta que encuentre una condición que se cumpla o se ejecute el bloque 4 del último else .

Sentencia Switch

Con Switch, podemos sustituir un conjunto de sentencias if-else de una manera más legible. Se comprueba la condición, y según el caso que devuelva, ejecutará un bloque u otro. Para poder separar los bloques, se utiliza la palabra reservada break que permite salir de toda la sentencia. Tiene un bloque default que se ejecuta en el caso de que no se cumpla ningún caso. Veamos un ejemplo, esto sería un switch siguiendo el ejemplo anterior del if-else :

```
 1  switch (condicion) {
 2    case condicion_1:
 3      bloque_1;
 4      break;
 5    case condicion_2:
 6      bloque_2;
 7      break;
 8    case condicion_3:
 9      bloque_3;
10      break;
11    default:
12      bloque_4;
13  }
```

El bloque default no es obligatorio.

Clases Core y Módulos de JavaScript

Además de los tipos primitivos que vimos al principio de este libro, JavaScript tiene unas clases llamadas Core, que forman parte del lenguaje. Las que más se utilizan son Object , Number , Array y String . Todas ellan heradan de Object .

Object

Un objeto es una colección de variables y funciones agrupadas de manera estructural. A las variables definidas dentro de un objeto se las denomina propiedades, y a las funciones, métodos.

Veamos un ejemplo de objeto que recoje los datos de un libro:

```
1  const libroReact = {
2    titulo: "Desarrollo Web con React",
3    autor: "Carlos Azaustre",
4    paginas: 64,
5    formatos: ["PDF", "ePub", "Mobi"],
6    precio: 17.99,
7    publicado: false,
8  };
```

Como podemos ver, las propiedades son pares *clave-valor*, separados por comas, y podemos acceder a ellas de forma independiente de varias formas: Con la notación punto o con la notación array:

```
1  libroReact.titulo; // Desarrollo web con React
2  libroReact["paginas"]; // 64;
```

También podemos modificarlas de la misma manera:

```
1  libroReact.precio = 17.99;
2  libroReact["publicado"] = true;
```

Con la notación array, podemos acceder a las propiedades con variables. Ejemplo:

```
1  let propiedad = "autor";
2  libroReact[propiedad]; // Carlos Azaustre
```

Pero no funciona con la notación punto:

```
1  let propiedad = "autor";
2  libroReact.propiedad; // undefined
```

Como hemos dicho antes, si el objeto contiene funciones se les llama métodos.

En el siguiente capítulo veremos como se inicializan e invocan funciones más en detalle. Si queremos crearlas dentro de un objeto e invocarlas, sería así:

```
1  const libroReact = {
2    paginas: 64,
3    leer: function () {
4      console.log("He leído el libro de React.js");
5    },
6  };
7  libroReact.leer(); // Devuelve: "He leído el libro de React.js"
```

Para crear un objeto podemos hacerlo con la notación de llaves { . . . } o creando una nueva instancia de clase:

```
1  let miObjeto = { propiedad: "valor" };
2  let miObjeto = new Object({ propiedad: "valor" });
```

Anidación

Un objeto puede tener propiedades y estas propiedades tener en su interior más propiedades. Sería una representación en forma de árbol y podemos acceder a sus propiedades de la siguiente manera:

```
1  const libro = {
2    titulo: "Desarrollo Web con React.js",
3    autor: {
4      nombre: "Carlos Azaustre",
5      nacionalidad: "Española",
6      edad: 36,
7      contacto: {
8        email: "carlosazaustre@gmail.com",
9        twitch: "https://twitch.tv/carlosazaustre",
```

```
10        },
11      },
12      editorial: {
13        nombre: "carlosazaustre.es Books",
14        web: "https://carlosazaustre.es",
15      },
16    };
17    // Podemos acceder con notación punto, array, o mixta.
18    libro.autor.nombre; // "Carlos Azaustre"
19    libro["autor"]["edad"]; // 36
20    libro["editorial"].web; // "https://carlosazaustre.es"
21    libro.autor["contacto"].twitch; // "https://twitch.tv/carlosazaustre
```

Igualdad entre objetos

Para que dos objetos sean iguales al compararlos, deben tener la misma referencia. Debemos para ello utilizar el operador identidad === .

Si creamos dos objetos con el mismo contenido, no serán iguales a menos que compartan la referencia.

Veamos un ejemplo:

```
1    const coche1 = { marca: "Ford", modelo: "Focus" };
2    const coche2 = { marca: "Ford", modelo: "Focus" };
3    coche1 === coche2; // Devuelve false, no comparten referencia
4    coche1.modelo === coche2.modelo; // Devuelve true porque el valor es el mismo.
5    const coche3 = coche1;
6    coche1 === coche3; // Devuelve true, comparten referencia
```

Number

Es la clase del tipo primitivo number . Se codifican en formato de coma flotante con doble precisión (Es decir, con 64 bits / 8 bytes) y podemos representar números enteros, decimales, hexadecimales, y en coma flotante.

Veamos unos ejemplos:

```
1  // Número entero, 25
2  25;
3  // Número entero, 25.5. Los decimales se separan de la parte entera con punto `.`
4  25.5;
5  // Número hexadecimal, se representa con 0x seguido del número hexadecimal
6  0x1f; // 31 decimal
7  0xff; // 255 decimal
8  0x7de; // 2014
9  // Coma flotante, separamos la mantisa del exponente con la letra `e`
10 5.4e2; // Representa 5.4 * 10 elevado a 2 = 540
```

La clase `Number` incluye los números `Infinity` y `-Infinity` para representar números muy grandes:

```
1  1 / 0 = Infinty;
2  -1 / 0 = -Infinity;
3  1e1000 = Infinity;
4  -1e1000 = -Infinity;
```

El rango real de números sobre el que podemos operar es $\sim 1.797 \times 10^{308} - 5 \times 10^{-324}$.

También disponemos del valor `NaN` (*Not A Number*) para indicar que un determinado valor no representa un número:

```
1  "a" / 15 = NaN;
```

Para crear un número podemos hacerlo con la forma primitiva o con la clase `Number`. Por simplicidad se utiliza la forma primitiva.

```
1  let numero = 6;
2  let numero = new Number(6);
```

Funciones de Number

JavaScript tiene 2 funciones interesantes para convertir un `string` en su número equivalente.

parseInt()

Devuelve el número decimal equivalente al `string` que se pasa por parámetro. Si se le indica la base, lo transforma en el valor correspondiente en esa base, si no, lo devuelve en base 10 por defecto. Veamos unos ejemplos:

```
1  parseInt("1111"); // Devuelve 1111
2  parseInt("1111", 2); // Devuelve 15
3  parseInt("1111", 16); // Devuelve 4369
```

parseFloat()

Función similar a parseInt() que analiza si es un número de coma flotante y devuelve su representación decimal:

```
1  parseFloat("5e3"); // Devuelve 5000
```

number.toFixed(x)

Devuelve un string con el valor del numero number redondeado al alza, con tantos decimales como se indique en el parámetro x .

```
1  let n = 2.5674;
2  n.toFixed(0); // Devuelve "3"
3  n.toFixed(2); // Devuelve "2.57"
```

number.toExponential(x)

Devuelve un string redondeando la base o mantisa a x decimales. Es la función complementaria a parseFloat

```
1  let n = 2.5674;
2  n.toExponential(2); // Devuelve "2.56e+0"
```

number.toString(base)

Devuelve un string con el número equivalente number en la base que se pasa por parámetro. Es la función complementaria a parseInt

```
1  (1111).toString(10); // Devuelve "1111"
2  (15).toString(2); // Devuelve "1111"
3  (4369).toString(16); // Devuelve "1111"
```

Módulo Math

Math es una clase propia de JavaScript que contiene varios valores y funciones que nos permiten realizar operaciones matemáticas. Estas son las más utilizadas:

```
1   Math.PI; // Número Pi = 3.14159265...
2   Math.E; // Número e = 2.7182818...
3   Math.random(); // Número aleatorio entre 0 y 1, ej: 0.45673858
4   Math.pow(2, 6); // Potencia de 2 elevado a 6 = 64;
5   Math.sqrt(4); // raiz cuadrada de 4 = 2
6   Math.min(4, 3, 1); // Devuelve el mínimo del conjunto de números = 1
7   Math.max(4, 3, 1); // Devuelve el máximo del conjunto de números = 4
8   Math.floor(6.4); // Devuelve la parte entera más próxima por debajo, en este caso 6
9   Math.ceil(6.4); // Devuelve la parte entera más próxima por encima, en este caso 7
10  Math.round(6.4); // Redondea a la parte entera más próxima, en este caso 6
11  Math.abs(x); // Devuelve el valor absoluto de un número
12  // Funciones trigonométricas
13  Math.sin(x); // Función seno de un valor
14  Math.cos(x); // Función coseno de un valor
15  Math.tan(x); // Función tangente de un valor
16  Math.log(x); // Función logaritmo
```

Existen muchos más, puedes consultarlo en la documentación de Mozilla Developer Network[17]

Array

Es una colección de datos que pueden ser números, strings, objetos, otros arrays, etc... Se puede crear de dos formas con el literal[...] o creando una nueva instancia de la clase `Array`

```
1   let miArray = [];
2   let miArray = new Array();
```

```
1   let miArray = [1, 2, 3, 4]; // Array de números
2   let miArray = ["Hola", "que", "tal"]; // Array de Strings
3   let miArray = [{ propiedad: "valor1" }, { propiedad: "valor2" }]; // Array de objetos
4   let miArray = [
5     [2, 4],
6     [3, 6],
7   ]; // Array de arrays, (Matriz);
8   let miArray = [1, true, [3, 2], "Hola", { clave: "valor" }]; // Array mixto
```

Se puede acceder a los elementos del array a través de su índice y con `length` conocer su longitud.

```
1  let miArray = ["uno", "dos", "tres"];
2  miArray[1]; // Devuelve: "dos"
3  miArray.length; // Devuelve 3
```

Si accedemos a una posición que no existe e en el array, nos devuelve undefined .

```
1  miArray[8]; // undefined
```

Métodos

Array es una clase de JavaScript, por tanto los objetos creados a partir de esta clase heredan todos los métodos de la clase padre. Los más utilizados son:

```
1  let miArray = [3, 6, 1, 4];
2  miArray.sort(); // Devuelve un nuevo array con los valores ordenados: [1, 3, 4, 6]
3  miArray.pop(); // Devuelve el último elemento del array y lo saca. Devuelve 6 y miAr\
4  ray queda [1, 3, 4]
5  miArray.push(2); // Inserta un nuevo elemento en el array, devuelve la nueva longitu\
6  d del array y miArray queda ahora [1, 3, 4, 2]
7  miArray.reverse(); // Invierte el array, [2,4,3,1]
```

Otro método muy útil es join(). Sirve para crear un string con los elementos del array uniéndolos con el "separador" que le pasemos como parámetro a la función. Es muy usado para imprimir strings, sobre todo a la hora de crear templates. Ejemplo:

```
1  let valor = 3;
2  const template = [
3  "<li>",
4  valor
5  "</li>"
6  ].join("");
7  console.log(template); // Devuelve: "<li>3</li>"
```

Lo cual es mucho más eficiente en términos de procesamiento, que realizar lo siguiente, sobre todo si estas uniones se realizan dentro de bucle:

```
1  let valor = 3;
2  const template = "<li>" + valor + "</li>";
```

Si queremos aplicar una misma función a todos los elementos de un array podemos utilizar el método map . Imaginemos el siguiente array de números [2, 4, 6, 8] y queremos conocer la raíz cuadrada de cada uno de los elementos podríamos hacerlo así:

```
1  let miArray = [2, 4, 6 ,8];
2  let raices = miArray.map(Math.sqrt);
3  });
4  // raices: [ 1.4142135623730951, 2, 2.449489742783178, 2.8284271247461903 ]
```

O algo más específico:

```
1  let miArray = [2, 4, 6, 8];
2  let resultados = miArray.map(function (elemento) {
3    return (elemento *= 2);
4  });
5  // resultados: [ 4, 8, 12, 16 ]
```

Otra función interesante de los arrays es la función filter . Nos permite "filtrar" los elementos de un array dada una condición sin necesidad de crear un bucle (que veremos más adelante) para iterarlo. Por ejemplo, dado un array con los números del 1 al 15, obtener un array con los números que son divisibles por 3:

```
1  let miArray = [1, 2, 3, 4, 5, 6, 7, 8, 9, 10, 11, 12, 13, 14, 15];
2  let resultado = miArray.filter(function (elemento) {
3    return elemento % 3 === 0;
4  });
5  // resultados: [ 3, 6, 9, 12, 15 ]
```

Si queremos obtener una parte del array, podemos emplear la función slice pasándole por parámetro el índice a partir del que queremos cortar y el final.

Si no se indica el parámetro de fin, se hará el "corte" hasta el final del array, si no, se hará hasta la posición indicada y si se pasa un número negativo, contará desde el final del array hacia atrás.

El método devuelve un nuevo array sin transformar sobre el que se está invocando la función. Veamos unos ejemplos:

```
1  let miArray = [4, 8, 15, 16, 23, 42];
2  miArray.slice(2); // [15, 16, 23, 42]
3  miArray.slice(2, 4); // [15, 16] (la posición de fin no es inclusiva)
4  miArray.slice(2, -1); // [15, 16, 23]
5  miArray.slice(2, -2); // [15, 16]
```

String

Como vimos al principio de este libro, los strings son un tipo de variable primitivo en JavaScript, pero también, al igual que con Number tienen su clase propia y métodos.

Un string se comporta como un Array, no es más que un conjunto de caracteres, con índices que van desde el 0 para el primer carácter hasta el último. Veamos algunos ejemplos de cómo acceder a los caracteres y los métodos que posee esta clase.

```javascript
// Supongamos el string con el texto "javascript"
"javascript"[2];
// Acceso como array, devuelve el tercer carácter "v", ya que la
// primera posición es 0
"javascript".length;
// Devuelve 10
"javascript".charCodeAt(2);
// Devuelve el caracter en formato UNICODE de "v", el 118
"javascript".indexOf("script");
// Devuelve el índice donde comienza el string "script", el 4
"javascript".substring(4, 10);
// Devuelve la parte del string comprendida entre os indices 4 y 10
// "scrip"
```

Para crear un string podemos hacerlo con notación de tipo o creando un nuevo objeto. Por simplicidad se utiliza la forma primitiva.

```javascript
const texto = "Hola Mundo";
const texto = new String("Hola Mundo");
```

Un string puede ser transformado en array con el método split() pasándole como parámetro el delimitador que queramos que separe los elementos. Por ejemplo:

```javascript
const fecha = new Date();
fecha = fecha.toString();
// "Wed May 20 2015 20:16:25 GMT+0200 (CEST)"
fecha = fecha.split(" ");
// ["Wed", "May", "20", "2015", "20:16:25", "GMT+0200", "(CEST)"]
fecha[4];
// "20:16:25"
```

Funciones

Las funciones en JavaScript son bloques de código ejecutable, a los que podemos pasar parámetros y operar con ellos. Nos sirven para modular nuestros programas y estructurarlos en bloques que realicen una tarea concreta. De esta manera nuestro código es más legible y mantenible.

Las funciones normalmente, al acabar su ejecución devuelven un valor, utilizando la palabra reservada return seguida del valor a devolver.

Se declaran con otra palabra reservada, function y a continuación suelen llevar un nombre, para poder invocarlas más adelante. Si no llevan nombre se les llama funciones anónimas.

Veamos un ejemplo de función:

```
1  function saludar(nombre) {
2    return "Hola " + nombre + "!";
3  }
4  saludar("Carlos"); // Devuelve "Hola Carlos!"
```

La función del ejemplo se llama saludar , y se le pasa un único parámetro, entre paréntesis (...) , que es nombre . Ese parámetro funciona como contenedor de una variable que es utilizada dentro del bloque de código delimitado por las llaves { ... } . El comando return devolverá el String que concatena el texto con el valor que contiene el parámetro nombre .

Si no pasásemos ningún valor por parámetro, obtendriamos el valor undefined .

```
1  function saludar(nombre) {
2    return "Hola " + nombre + "!";
3  }
4  saludar(); // Devuelve "Hola undefined!"
```

También podemos acceder a los parámetros que se pasan por argumento a través del array arguments sin indicarlo en en la definción de la función, aunque esta opción no es muy utilizada. Ejemplo:

```
1  function saludar() {
2    const tipo = arguments[0];
3    const nombre = arguments[1];
4    return tipo + ", " + nombre + "!";
5  }
6  saludar("Adios", "Carlos"); // Devuelve "Adios, Carlos!"
```

Parámetros por defecto

Una buena práctica para evitar errores o que se tome el valor undefined sin que podamos controlarlo, es utilizar algunos de los operadores booleanos que vimos en capítulos anteriores. Si tomamos el operador OR || podemos asignar un valor por defecto si no está definido. Veamos un ejemplo:

```
1  function saludar(tipo, nombre) {
2    const tipo = tipo || "Hola";
3    const nombre = nombre || "Carlos";
4    return tipo + ", " + nombre + "!";
5  }
6  saludar(); // "Hola, Carlos!"
7  saludar("Adios"); // "Adios, Carlos!"
8  saludar("Hasta luego", "Pepe"); // "Hasta luego, Pepe!"
```

A partir de ES6+ podemos usar la funcionalidad de "Parámetros por defecto" indicando el valor que debe tomar el parámetro en caso de que no se le pase ninguno:

```
1  // ES6+
2  function saludar(tipo = "Hola", nombre = "Carlos") {
3      return `${tipo}, ${nombre}!`
4  }
5  saludar(); // "Hola, Carlos!"
6  saludar("Adios"); // "Adios, Carlos!"
7  saludar("Hasta luego", "Pepe"); // "Hasta luego, Pepe!"
```

Aunque esto se puede hacer ya actualmente, si se quiere dar soporte a navegadores como Internet Explorer 11 (IE11) tendremos que seguir utilizando la comprobación vista más arriba.

Ámbito de una función

Por defecto, cuando declaramos una variable con var la estamos declarando de forma global y es accesible desde cualquier parte de nuestra aplicación. Tenemos que tener cuidado con los nombres que elegimos ya que si declaramos a una variable con el mismo nombre en varias partes de la aplicación estaremos sobrescribiendo su valor y podemos tener errores en su funcionamiento.

Si declaramos una variable dentro de una función, esta variable tendrá un ámbito local al ámbito de esa función, es decir, solo será accesible de la función hacia adentro. Pero si la definimos fuera de una función, tendrá un ámbito global.

En la versión 6 de ECMAScript tenemos los tipos de variable `let` y `const` además de `var` y definen unos ámbitos específicos. `const` crea una constante cuyo valor no cambia durante el tiempo y `let` define el ámbito de la variable al ámbito donde ha sido definida (por ejemplo en una función).

Con un ejemplo lo veremos más claro:

```
1  var valor = "global";
2  function funcionlocal() {
3    var valor = "local";
4    return valor;
5  }
6  console.log(valor); // "global"
7  console.log(funcionLocal()); // "local"
8  console.log(valor); // "global"
```

Aunque tenemos definida fuera de la función la variable `valor` , si dentro de la función la declaramos y cambiamos su valor, no afecta a la variable de fuera porque su ámbito (o scope) de ejecución es diferente. Una definición de variable local sobreescribe a una global si tienen el mismo nombre.

> A día de hoy, tras la adopción de ES6 en todos los navegadores, se recomienda dejar de utilizar `var` para trabajar con variables y utilizar en su lugar `let` y/o `const` dependiendo del caso de uso.

Closures

Los *Closures* o funciones cierre son un patrón de diseño muy utilizado en JavaScript y son una de las llamadas *Good parts*. Para poder comprender su funcionamiento veamos primero unos conceptos.

Funciones como objetos

Las funciones en JavaScript son objetos, ya que todo en JavaScript es un objeto, heredan sus propiedades de la clase `Object` . Entonces pueden ser tratadas como tal. Podemos guardar una función en una variable y posteriormente invocarla con el operador paréntesis `( )` . Ejemplo:

```
1  const saludar = function (nombre) {
2    return "Hola " + nombre;
3  };
4  saludar("Carlos"); // "Hola Carlos"
```

Si a la variable que guarda la función no la invocamos con el operador paréntesis, el resultado que nos devolverá es el código de la función.

```
1  saludar; // Devuelve 'function(nombre) { return "Hola " + nombre };'
```

Funciones anidadas

Las funciones pueden tener otras funciones dentro de ellas, produciendo nuevos ámbitos para las variables definidas dentro de cada una. Y para acceder desde el exterior a las funciones internas, tenemos que invocarlas con el operador doble paréntesis ()() . Veamos un ejemplo

```
1  const a = "Hey ";
2  function global() {
3    var b = "¿Qué";
4    function local() {
5      var c = " Tal?";
6      return a + b + c;
7    }
8    return local;
9  }
10 global();
11 // Devuelve la función local: "function local() { var c ="Tal?"...""
12 global()();
13 // Devuelve la ejecución de la función local: "Hey ¿Qué tal?"
14 var closure = global();
15 closure(); // Devuelve lo mismo que global()(): "Hey ¿Qué tal?"
```

Vistos estos conceptos ya podemos definir lo que es un closure .

Función cierre o closure

Un *Closure* es una función que encapsula una serie de variables y definiciones locales que únicamente serán accesibles si son devueltas con el operador return . JavaScript al no tener una definición de clases como tal (como por ejemplo en Java, aunque con la versión ECMAScript6 esto cambia un poco) este patrón de creación de closures, hace posible modularizar nuestro código y crear algo parecido a las clases.

Veamos un ejemplo de *closure* con la siguiente función.

Creamos una función que tiene un variable local que guarda el valor de un número que será incrementado o decrementado según llamemos a las funciones locales que se devuelven y acceden a esa variable. La variable local _contador no puede ser accesible desde fuera si no es a través de esas funciones:

```
const miContador = (function () {
  let _contador = 0; // Por convención, a las variables "privadas" se las nombra con\
 un `_` delante
  function incrementar() {
    return _contador++;
  }
  function decrementar() {
    return _contador--;
  }
  function valor() {
    return _contador;
  }
  return {
    incrementar: incrementar,
    decrementar: decrementar,
    valor: valor,
  };
})();

miContador.valor(); // 0
miContador.incrementar();
miContador.incrementar();
miContador.valor(); // 2
miContador.decrementar();
miContador.valor(); // 1
```

Funciones como clases

Un *closure* es muy similar a una clase, la principal diferencia es que una clase tendrá un constructor que cumple el mismo cometido que el closure.

Al crear un objeto a partir de una clase debemos usar el operador new y si es un *closure*, al inicializar un nuevo objeto, se le pasa lo que le devuelve la función cierre. Veamos un ejemplo de la misma función, codificada como clase y como *closure*, y cómo se crearían sus objetos.

```
1   function inventario(nombre) {
2     let _nombre = nombre;
3     const _articulos = {};
4     function add(nombre, cantidad) {
5       _articulos[nombre] = cantidad;
6     }
7     function borrar(nombre) {
8       delete _articulos[nombre];
9     }
10    function cantidad(nombre) {
11      return _articulos[nombre];
12    }
13    function nombre() {
14      return _nombre;
15    }
16    return {
17      add: add,
18      borrar: borrar,
19      cantidad: cantidad,
20      nombre: nombre,
21    };
22  }
```

Una vez construido la closure, podemos usar sus métodos como vemos a continuación:

```
1   const libros = inventario("libros");
2   libros.add("React.js", 3);
3   libros.add("JavaScript", 10);
4   libros.add("NodeJS", 5);
5   libros.cantidad("React.js"); // 3
6   libros.cantidad("JavaScript"); // 10
7   libros.borrar("JavaScript");
8   libros.cantidad("JavaScript"); // undefined
```

Ahora veamos como sería esto mismo pero codificado como Clase:

```
1   function Inventario(nombre) {
2     this.nombre = nombre;
3     this.articulos = {};
4     this.add = function (nombre, cantidad) {
5       this.articulos[nombre] = cantidad;
6     };
7     this.borrar = function (nombre) {
8       delete this.articulos[nombre];
9     };
10    this.cantidad = function (nombre) {
11      return this.articulos[nombre];
12    };
13    this.getNombre = function () {
14      return this.nombre;
15    };
16  }
```

Una vez definida la clase, crear objetos a partir de ella e invocar a sus métodos sería así:

```
1   const libros = new Inventario("Libros");
2   libros.add("React.js", 3);
3   libros.add("JavaScript", 10);
4   libros.add("NodeJS", 5);
5   libros.cantidad("React.js"); // 3
6   libros.cantidad("JavaScript"); // 10
7   libros.borrar("JavaScript");
8   libros.cantidad("JavaScript"); // undefined
```

Esta forma de codificar las funciones como clases se conoce como *Factory Pattern* o *Template functions*.

Uso de Prototype

Un problema importante que tiene este tipo de estructura, es que cuando creamos un nuevo objeto a partir de esta clase, reservará espacio en memoria para toda la clase incluyendo atributos y métodos. Con un objeto solo creado no supone mucha desventaja, pero imaginemos que creamos varios objetos:

```
1   const libros = new Inventario("Libros");
2   const discos = new Inventario("discos");
3   const juegos = new Inventario("juegos");
4   const comics = new Inventario("comics");
5   ...
```

Esto supone que las funciones de la clase, add , borrar , cantidad y getNombre están siendo replicadas en memoria, lo que hace que sea ineficiente.

```
> libros
  ▼ Inventario {nombre: "libros", articulos: Array[0]} ℹ
      ▶ add: function (nombre, cantidad)
      ▶ articulos: Array[0]
      ▶ borrar: function (nombre)
      ▶ cantidad: function (nombre)
      ▶ getNombre: function ()
        nombre: "libros"
      ▶ __proto__: Inventario
> discos
  ▼ Inventario {nombre: "discos", articulos: Array[0]} ℹ
      ▶ add: function (nombre, cantidad)
      ▶ articulos: Array[0]
      ▶ borrar: function (nombre)
      ▶ cantidad: function (nombre)
      ▶ getNombre: function ()
        nombre: "discos"
      ▶ __proto__: Inventario
> comics
  ▼ Inventario {nombre: "comics", articulos: Array[0]} ℹ
      ▶ add: function (nombre, cantidad)
      ▶ articulos: Array[0]
      ▶ borrar: function (nombre)
      ▶ cantidad: function (nombre)
      ▶ getNombre: function ()
        nombre: "comics"
      ▶ __proto__: Inventario
> juegos
  ▼ Inventario {nombre: "juegos", articulos: Array[0]} ℹ
      ▶ add: function (nombre, cantidad)
      ▶ articulos: Array[0]
      ▶ borrar: function (nombre)
      ▶ cantidad: function (nombre)
      ▶ getNombre: function ()
        nombre: "juegos"
      ▶ __proto__: Inventario
>
```

Prototypes

Para solucionar esto podemos hacer uso del objeto Prototype que permite que objetos de la misma clase compartan métodos y no sean replicados en memoria de manera ineficiente. La forma correcta de implementar la clase Inventario sería la siguiente:

```javascript
function Inventario(nombre) {
  this.nombre = nombre;
  this.articulos = {};
}
Inventario.prototype = {
  add: function (nombre, cantidad) {
    this.articulos[nombre] = cantidad;
  },
  borrar: function (nombre) {
    delete this.articulos[nombre];
  },
  cantidad: function (nombre) {
    return this.articulos[nombre];
  },
  getNombre: function () {
    return this.nombre;
  },
};
```

De esta manera, si queremos crear un nuevo objeto de la clase Inventario y usar sus métodos, lo podemos hacer como veníamos haciendo hasta ahora, sólo que internamente será más eficiente el uso de la memoria por parte de JavaScript y obtendremos una mejora en el rendimiento de nuestras aplicaciones.

Creando de nuevo los objetos libros , discos , juegos y comics , su espacio en memoria es menor (Ya no tienen replicados los métodos):

```
  >  libros
  <  ▼ Inventario {nombre: "Libros", articulos: Array[0]} 🔲
        ▶ articulos: Array[0]
          nombre: "Libros"
        ▶ __proto__: Object
  >  discos
  <  ▼ Inventario {nombre: "discos", articulos: Array[0]} 🔲
        ▶ articulos: Array[0]
          nombre: "discos"
        ▶ __proto__: Object
  >  comics
  <  ▼ Inventario {nombre: "comics", articulos: Array[0]} 🔲
        ▶ articulos: Array[0]
          nombre: "comics"
        ▶ __proto__: Object
  >  juegos
  <  ▼ Inventario {nombre: "juegos", articulos: Array[0]} 🔲
        ▶ articulos: Array[0]
          nombre: "juegos"
        ▶ __proto__: Object
  >
```

Prototypes

```
1  const libros = new Inventario('libros');
2  libros.getNombre();
3  libros.add("React.js", 3);
4  ...
5  const comics = new Inventario('comics');
6  comics.add("The Walking Dead", 10);
7  ...
```

Clases en ECMAScript v6

Con la llegada de la nueva versión del estándar de JavaScript (ECMAScript 6 o ECMAScript 2015) la definición de una función como clase ha cambiado. ES6 aporta un *azúcar sintáctico* para declarar una clase como en la mayoría de los lenguajes de programación orientados a objetos, pero por debajo sigue siendo una función prototipal.

El ejemplo anterior del Inventario , transformado a ES6 sería tal que así:

```
1   class Inventario {
2     constructor(nombre) {
3       this.nombre = nombre;
4       this.articulos = [];
5     }
6     add(nombre, cantidad) {
7       this.articulos[nombre] = cantidad;
8     }
9     borrar(nombre) {
10      delete this.articulos[nombre];
11    }
12    cantidad(nombre) {
13      return this.articulos[nombre];
14    }
15    getNombre() {
16      return this.nombre;
17    }
18  }
```

Utilizando la palabra reservada class creamos una clase que sustituye a la función prototipal de la versión anterior.

El método especial constructor sería el que se definía en la función constructora anterior. Después los métodos add , borrar , cantidad y getNombre estarían dentro de la clase y sustituirían a las funciones prototipales de la versión ES5.

Su utilización es igual que en la versión anterior:

```
1   const libros = new Inventario("Libros");
2   libros.add("React.js", 3);
3   libros.add("JavaScript", 10);
4   libros.add("NodeJS", 5);
5   libros.cantidad("React.js"); // 3
6   libros.cantidad("JavaScript"); // 10
7   libros.borrar("JavaScript");
8   libros.cantidad("JavaScript"); // undefined
```

Con esta nueva sintáxis podemos implementar herencia de una forma muy sencilla. Imagina que tienes una clase Vehículo de la siguiente manera:

```
1   class Vehiculo {
2     constructor(tipo, nombre, ruedas) {
3       this.tipo = tipo;
4       this.nombre = nombre;
5       this.ruedas = ruedas;
6     }
7     getRuedas() {
8       return this.ruedas;
9     }
10    arrancar() {
11      console.log(`Arrancando el ${this.nombre}`);
12    }
13    aparcar() {
14      console.log(`Aparcando el ${this.nombre}`);
15    }
16  }
```

Y quieres crear ahora una clase Coche que herede de Vehículo para poder utilizar los métodos que esta tiene. Esto lo podemos hacer con la clase reservada extends y con super() llamamos al constructor de la clase que hereda

```
1   class Coche extends Vehiculo {
2     constructor(nombre) {
3       super("coche", nombre, 4);
4     }
5   }
```

Si ahora creamos un nuevo objeto Coche podemos utilizar los métodos de la clase Vehiculo:

```
1   let fordFocus = new Coche("Ford Focus");
2   fordFocus.getRuedas(); // 4
3   fordFocus.arrancar(); // Arrancando el Ford Focus
```

Bucles

En ocasiones nos interesa que determinados bloques de código se ejecuten varias veces mientras se cumpla una condición. En ese caso tenemos los bucles para ayudarnos. Dependiendo de lo que necesitemos usaremos uno u otro. A continuación veremos cuales son y algunos ejemplos prácticos para conocer su uso.

Existen 5 elementos que controlan el flujo del bucle. La **inicialización** que fija los valores con los que iniciamos el bucle. La **condición de permanencia** en el bucle y la **actualización** de las variables de control al ejecutarse la iteración.

While

La sintaxis de un bucle while es la siguiente, el bloque de código dentro del while se ejecutará mientras se cumpla la condición.

```
1  let condicion; // Inicialización
2
3  // Condición de permanencia
4  while (condicion) {
5    bloque_de_codigo;
6    // Código a ejecutar y actualización de la variable de control
7  }
```

Por ejemplo si queremos mostrar por consola los números del 1 al 10, con un bucle while sería así:

```
1  let i = 1; // Inicialización
2
3  // Condición de permanencia
4  while (i < 11) {
5    console.log(i); // Código a ejecutar
6    i++; // Actualización de la variable de control
7  }
8  // Devuelve: 1 2 3 4 5 6 7 8 9 10
```

Do/While

El bucle do-while es similar al while con la salvedad de que ejecutamos un bloque de codigo dentro de do por primera vez y despues se comprueba la condición de permanencia en el bucle. De esta manera nos aseguramos que al menos una vez el bloque se ejecute:

```
1  let i = 1;
2  do {
3    console.log(i);
4    i++;
5  } while (i < 11);
6  // Devuelve: 1 2 3 4 5 6 7 8 9 10
```

For

El bucle for es una sentencia especial pero muy utilizada y potente. Nos permite resumir en una línea la forma de un bucle while. Su sintaxis es la siguiente:

```
1  for(inicializacion; condición de permanencia; actualizacion) {
2  bloque_de_codigo
3  }
```

Los elementos de control se definen entre los paréntesis (. . .) y se separan por punto y coma ; . Los bucles anteriores en formato for serían así:

```
1  for (let i = 1; i < 11; i++) {
2    console.log(i);
3  }
4  // Devuelve: 1 2 3 4 5 6 7 8 9 10
```

Buenas prácticas en bucles For.

Es común que en nuestros desarrollos utilicemos éste tipo de bucle a menudo, por ejemplo para recorrer arrays. Si tomamos unas consideraciones en cuenta, podemos hacer programas más eficientes

Por ejemplo, un bucle de este tipo:

```
1  const objeto = {
2    unArray: new Array(10000);
3  };
4  for(let i=0; i<objeto.unArray.length; i++) {
5    objeto.unArray[i] = "Hola!";
6  }
```

Tiene varios puntos, donde perdemos rendimiento. El primero de ellos es comprobar la longitud del array dentro de la definición del bucle for . Esto hace que en cada iteración estemos comprobando la longitud y son pasos que podemos ahorrarnos y que harán más eficiente la ejecución. Lo ideal es cachear este valor en una variable, ya que no va a cambiar.

```
1  let longitud = objeto.unArray.length;
```

Y esta variable la podemos incluir en el bucle for en la inicialización, separada por una coma , , quedando de la siguiente manera:

```
1  for (let i=0, longitud=objeto.unArray.length; i<longitud; i++) {
2    ...
3  }
```

Otra optimización que podemos hacer es *cachear* también el acceso al array dentro del objeto grandesCitas . De esta manera nos ahorramos un paso en cada iteracción al acceder al interior del bucle. A la larga son varios milisegundos que salvamos y afecta al rendimiento:

```
1  const unArray = objeto.unArray;
2  for (let i = 0, longitud = unArray.length; i < longitud; i++) {
3    unArray[i] = "Hola!";
4  }
```

Si utilizamos los comandos console.time y console.timeEnd podemos ver cuanto tiempo llevó la ejecución:

```
1  console.time("Test");
2  for (let i = 0; i < objeto.unArray.length; i++) {
3    objeto.unArray[i] = "Hola";
4  }
5  console.timeEnd("Test");
6  // Test: 23.081ms
7
8  console.time("Test_2");
9  const unArray = objeto.unArray;
10 for (let i = 0, longitud = unArray.length; i < longitud; i++) {
11   unArray[i] = "Hola";
12 }
13 console.timeEnd("Test_2");
14 // Test_2: 17.437ms
```

Bucle forEach

Este tipo de bucle fue una novedad que introdujo *ECMAScript5*. Pertenece a las funciones de la clase Array y nos permite iterar dentro de un array de una manera secuencial. Veamos un ejemplo:

```
1  const miArray = [1, 2, 3, 4];
2  miArray.forEach(function (elemento, index) {
3    console.log("El valor de la posición " + index + " es: " + elemento);
4  });
5  // Devuelve lo siguiente
6  // El valor de la posición 0 es: 1
7  // El valor de la posición 1 es: 2
8  // El valor de la posición 2 es: 3
9  // El valor de la posición 3 es: 4
```

¿Quieres ver una utilidad del forEach ? Imagina que quieres recorrer los valores y propiedades de un objeto de este tipo:

```
1  const libro = {
2    titulo: "Aprendiendo JavaScript",
3    autor: "Carlos Azaustre",
4    numPaginas: 96,
5    editorial: "carlosazaustre.es",
6    precio: "17.95",
7  };
```

Con forEach no puedes, porque es un método de la clase Array , por tanto necesitas que las propiedades del objeto sean un array. Esto lo puedes conseguir haciendo uso de las funciones de la clase Object : getOwnPropertyNames que devuelve un array con todas las propiedades del objeto y con getOwnPropertyDescriptor accedes al valor. Veamos un ejemplo:

```
1   const propiedades = Object.getOwnPropertyNames(libro);
2   propiedades.forEach(function (name) {
3     let valor = Object.getOwnPropertyDescriptor(libro, name).value;
4     console.log("La propiedad " + name + " contiene: " + valor);
5   });
6   // Devuelve:
7   // La propiedad titulo contiene: Aprendiendo JavaScript
8   // La propiedad autor contiene: Carlos Azaustre
9   // La propiedad numPaginas contiene: 96
10  // La propiedad editorial contiene: carlosazaustre.es
11  // La propiedad precio contiene: 17.95
```

Bucle for...In

Además de forEach , tenemos el bucle for...In Con este tipo de bucle podemos iterar entre las propiedades de un objeto de una manera más sencilla que la vista anteriormente. La sintaxis es for(

key in object) siendo key el nombre de la propiedad y object[key] el valor de la propiedad. Como siempre, veamos un ejemplo práctico:

```javascript
const libro = {
  titulo: "Aprendiendo JavaScript",
  autor: "Carlos Azaustre",
  numPaginas: 96,
  editorial: "carlosazaustre.es",
  precio: "17.95",
};
for (let prop in libro) {
  console.log("La propiedad " + prop + " contiene: " + libro[prop]);
}
// Devuelve:
// La propiedad titulo contiene: Aprendiendo JavaScript
// La propiedad autor contiene: Carlos Azaustre
// La propiedad numPaginas contiene: 96
// La propiedad editorial contiene: carlosazaustre.es
// La propiedad precio contiene: 17.95
```

JSON

JSON es el acrónimo de *JavaScript Object Notation*. Notación de objeto JavaScript. Es un objeto JavaScript pero con algunos detalles de implementación que nos permitirán serializarlo para poder utilizarlo como intercambio de datos entre servicios. Antes de popularizarse este formato, el más común era XML (*eXtended Marked language*) pero insertaba demasiadas etiquetas HTML (o XML) lo que lo hacía menos legible y más complicado de decodificar. JSON por su parte al ser en sí un objeto JavaScript es ideal para aplicaciones que manejen este lenguaje.

Los detalles de implementación son que las propiedades del objeto deben ser *Strings* para que no haya problemas al codificarlo y decodificarlo.

Debemos tener en cuenta que algunos tipos de datos no se van a serializar igual. Por ejemplo los tipos NaN e Infinity se codifican como null . Y los objetos de tipo Date muestran la fecha en formato ISO y al reconstruirlo será un String sin poder acceder a los métodos que hereda de la clase Date . Tampoco se pueden serializar funciones, expresiones regulares, errores y valores undefined. El resto de primitivas y clases como objects , arrays , strings , numbers, true , false y null .

Veamos un ejemplo de un objeto JSON y como podemos serializarlo y reconstruirlo:

```
1  const usuario = {
2    id: "012345678",
3    username: "carlosazaustre",
4    password: "fkldfn4r09330adafnanf9843fbcdkjdkks",
5    data: {
6      name: "Carlos Azaustre",
7      email: "carlosazaustre@gmail.com",
8      city: "Madrid",
9      country: "ES",
10   },
11   preferences: {
12     contact: {
13       email: true,
14       notify: true,
15     },
16     interests: ["javascript", "nodejs", "React.js"],
17   },
18 };
```

Si queremos acceder a una propiedad determinada podemos hacerlo como cualquier objeto:

```
1   usuario.data.city; // "Madrid"
```

Si queremos serializarlo para poder realizar un intercambio de datos, debemos usar la función JSON.stringify que devuelve en un *String* la información del objeto que se le pasa por parámetro.

```
1   var jsonSerializado = JSON.stringify(usuario);
2
3   // Devuelve:
4   // {"id":"012345678","username":"carlosazaustre",
5   //"password":"fkldfn4r09330adafnanf9843fbcdkjdkks", ....
```

Si ahora queremos acceder a las propiedades no podemos, porque se trata de un string.

```
1   jsonSerializado.data.city;
2   /*
3   Uncaught TypeError: Cannot read property 'city' of undefined
4       at <anonymous>:2:21
5       at Object.InjectedScript._evaluateOn (<anonymous>:895:140)
6       at Object.InjectedScript._evaluateAndWrap (<anonymous>:828:34)
7       at Object.InjectedScript.evaluate (<anonymous>:694:21)
8   */
```

Para poder reconstruirlo a partir del string, tenemos la función JSON.parse que devuelve un objeto a partir del string que se pasa como parámetro. Tiene que estar correctamente formado, sino el método parse nos devolverá error.

```
1   var jsonReconstruido = JSON.parse(jsonSerializado);
2
3   /*
4   Object {id: "012345678", username: "carlosazaustre", password: "fkldfn4r09330adafnan\
5   f,....
6   */
```

Ahora podemos acceder a sus propiedades como antes.

```
1   jsonReconstruido.data.city; // "Madrid"
```

Más adelante veremos dónde se utilizan este tipo de datos, normalmente en intercambios de datos desde un servidor con llamadas HTTP, AJAX, o entre funciones dentro de un mismo programa.

AJAX

AJAX es el acrónimo de *Asynchronous JavaScript And XML*. Es el uso de JavaScript para realizar llamadas o peticiones asíncronas al servidor utilizando XML. La parte de XML ha sido sustituida hoy en día por JSON, que es un formato más amigable para el intercambio de datos, aunque se sigue utilizando la X en el acrónimo AJAX para expresar esta tecnología.

Como dije en la introducción de este libro, JavaScript se hizo muy popular por la llegada de esta tecnología y prueba de ello son las aplicaciones que surgieron y siguen utlizándose hoy en día como Gmail, Twitter, etc...

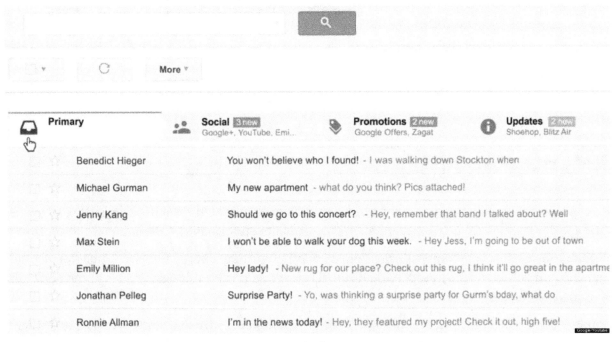

Gmail Inbox

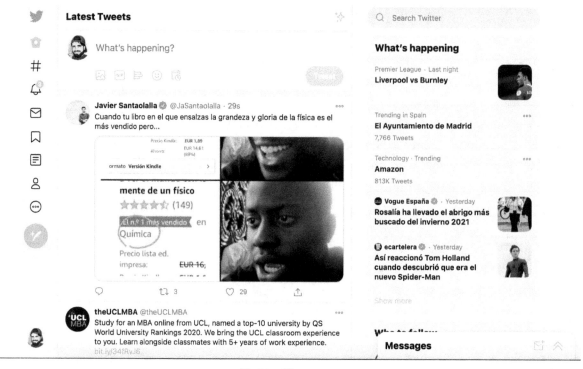

Twitter Home

XMLHttpRequest

Para poder utilizar esta tecnología hay que hacer uso del objeto XMLHttpRequest de JavaScript y tener un servidor que nos devuelva contenido, preferiblemente en formato JSON para poder tratarlo.

Veamos un ejemplo de como utilizar llamadas asíncronas en una página web, imaginemos que tenemos un servidor o nos proporcionan un servicio que a través de una URL nos devuelve una cantidad de datos en formato JSON.

Por ejemplo la siguiente dirección: http://jsonplaceholder.typicode.com/photos , que devuelve lo siguiente:

```
1  [
2    {
3      "albumId": 1,
4      "id": 1,
5      "title": "accusamus beatae ad facilis cum similique qui sunt",
6      "url": "http://placehold.it/600/92c952",
7      "thumbnailUrl": "http://placehold.it/150/30ac17"
8    },
9    {
10     "albumId": 1,
```

```
11      "id": 2,
12      "title": "reprehenderit est deserunt velit ipsam",
13      "url": "http://placehold.it/600/771796",
14      "thumbnailUrl": "http://placehold.it/150/dff9f6"
15    },
16    {
17      "albumId": 1,
18      "id": 3,
19      "title": "officia porro iure quia iusto qui ipsa ut modi",
20      "url": "http://placehold.it/600/24f355",
21      "thumbnailUrl": "http://placehold.it/150/1941e9"
22    },
23    ...
24  ]
```

¿Cómo hacemos para llamar a esa URL dentro de nuestra página web de manera asíncrona (sin recargar la página)?

```
1   // Creamos el objeto XMLHttpRequest
2   const xhr = new XMLHttpRequest();
3   // Definimos la función que manejará la respuesta
4   function reqHandler() {
5     if (this.readyState === 4 && this.status === 200) {
6       /* Comprobamos que el estado es 4 (operación completada)
7        * los estados que podemos comprobar son:
8        * 0 = UNSET (No se ha llamado al método open())
9        * 1 = OPENED (Se ha llamado al método open())
10       * 2 = HEADERS_RECEIVED (Se ha llamado al método send())
11       * 3 = LOADING (Se está recibiendo la respuesta)
12       * 4 = DONE (se ha completado la operación)
13       * y el código 200 es el correspondiente al OK de HTTP de
14       * que todo ha salido correcto.
15       */
16      console.log(this.responseText);
17    }
18  }
19  // Asociamos la funcion manejadora
20  xhr.onLoad = reqHandler;
21  // Abrimos la conexión hacia la URL, indicando el método HTTP, en este
22  // caso será GET
23  xhr.open("GET", "http://jsonplaceholder.typicode.com/photos", true);
24  // Enviamos la petición
25  xhr.send();
```

```
26  /* Esto es lo que mostrará en la consola:
27  [
28    {
29      "albumId": 1,
30      "id": 1,
31      "title": "accusamus beatae ad facilis cum similique qui sunt",
32      "url": "http://placehold.it/600/92c952",
33      "thumbnailUrl": "http://placehold.it/150/30ac17"
34  }, {
35      "albumId": 1,
36      "id": 2,
37      "title": "reprehenderit est deserunt velit ipsam",
38      "url": "http://placehold.it/600/771796",
39      "thumbnailUrl": "http://placehold.it/150/dff9f6"
40  }, ...
41  */
```

Como es un objeto JSON, podemos acceder a sus propiedades, iterarlo, etc.. Entonces imaginemos que el anterior código JavaScript lo tenemos en una página HTML que contiene un ⟨div
id='respuesta'⟩⟨/div⟩

```
1  <!-- Pagina HTML -->
2  <html>
3    <body>
4      <div id="respuesta"></div>
5    </body>
6  </html>
```

si la función reqHandler la modificamos de esta manera:

```
1  // Código JS
2  function reqHandler() {
3    if (this.readyState === 4 && this.status === 200) {
4      const respuesta = JSON.parse(this.responseText);
5      const respuestaHTML = document.querySelector("#respuesta");
6      const tpl = "";
7      respuesta.forEach(
8        (elem) =>
9          (tpl += `<a href="${elem.url}">
10            <img src="${elem.thumbnailUrl}"/>
11          </a>
12          <br/>
```

```
13        <span>${elem.title}</span>`)
14      );
15      respuestaHTML.innerHTML = tpl;
16    }
17  }
```

Tendríamos este resultado:

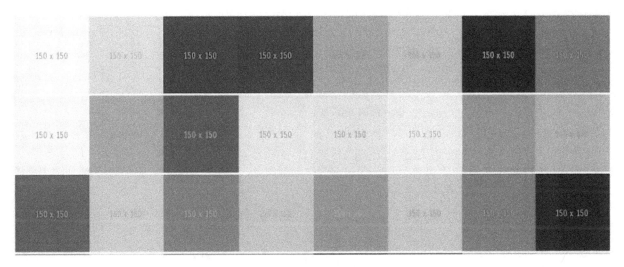

Respuesta

Fetch en ECMAScript6+

A partir de la versión 6 del estandar ECMAScript para JavaScript se introduce el objeto fetch que funciona de manera similar al objeto XMLHttpRequest pero de una forma que resulta más legible y utilizando promesas, recogiendo las funciones con then . Todo el tema de promesas lo explicaremos más adelante.

```
1   const respuestaHTML = document.querySelector("#respuesta");
2   const tpl = "";
3   fetch("http://jsonplaceholder.typicode.com/photos")
4     .then((response) => {
5       return response.json();
6     })
7     .then((albums) => {
8       albums.forEach(
9         (elem) =>
10          (tpl += `<a href="${elem.url}">
11            <img src="${elem.thumbnailUrl}"/>
12          </a>
```

```
13              <br/>
14              <span>${elem.title}</span>`)
15        );
16      respuestaHTML.innerHTML = tpl;
17    });
```

Si usamos `fetch` es que estamos usando ECMAScript6, por tanto podríamos usar los Template Strings que provee la nueva versión, y el codificado del template sería más legible y fácil de escribir. Y si ya queremos ser auténticas y auténticos *PROS*, en lugar de usar un string `tpl` e ir anidando todos los elementos ahí, utilizaremos un fragmento HTML con `document.createDocumentFragment()`

```
1   const respuestaHTML = document.querySelector("#respuesta");
2   const tpl = document.createDocumentFragment();
3   const elemento;
4   fetch("http://jsonplaceholder.typicode.com/photos")
5     .then((response) => {
6       return response.json();
7     })
8     .then((albums) => {
9       albums.forEach(function (elem) {
10        elemento = document.createTextNode(
11          `<a href="${elem.url}">
12            <img src="${elem.thumbnailUrl}" />
13          </a>
14          <br/>
15          <span>${elem.title}</span>`
16        );
17        tpl.appendChild(elemento);
18      });
19      respuestaHTML.appendChild(tpl);
20    });
```

Obtendríamos el mismo resultado que en el anterior ejemplo:

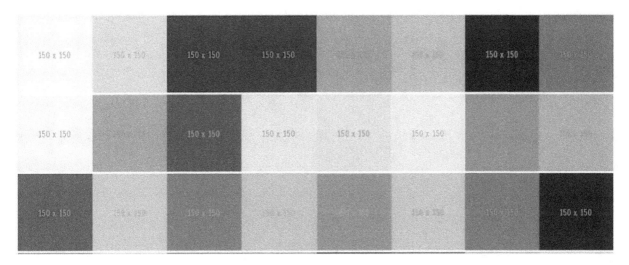

Respuesta

fetch por defecto utiliza el método GET de HTTP, si necesitamos una configuración más personalizada, se le puede pasar un objeto con el método, un header y un body para usar con el método POST. También se le puede pasar un modo, unas credenciales de autenticación y parámetros de caché.

```
1  const myHeaders = new Header();
2  myHeaders.append("Content-Type", "application/json");
3  fetch(URI, {
4    method: "GET",
5    headers: myHeaders,
6    mode: "cors",
7    cache: "default",
8  });
```

El primer then devuelve la respuesta, que incluye cabeceras, estado, etc.. Hasta que la respuesta no se haya completado no se puede acceder a los datos. Por eso debemos llamar de nuevo then devolviendo la respuesta con response.json() entonces es cuando ya podemos manipular el body de la respuesta.

Eventos

JavaScript nos permite, por su entorno de programación, una programación orientada a eventos. Podemos detectar eventos que ocurran en el navegador (o en el servidor) y actuar en base a ellos. También podemos crear nuestros propios eventos y suscribirnos, sería lo que se conoce como patrón *PubSub* (Publicador-Suscriptor)

Manejando eventos

Imaginemos que hacemos clic en un elemento HTML de una página web, que no necesariamente sea un enlace, en ese momento se dispara un evento que podemos capturar y realizar la función que estimemos conveniente, una llamada AJAX, un cambio de estilo, etc...

Veamos un ejemplo con código:

```
1  // Asociamos a un elemento de la web el evento
2  const target = document.querySelector("#respuesta");
3  target.addEventListener("click", onClickHandler, false);
4  // Función que manejará el evento
5  function onClickHandler(e) {
6    e.preventDefault();
7    console.log(e);
8  }
```

la función `e.preventDefault()` evita que se dispare una acción por defecto. Imaginemos que este evento lo estamos realizando sobre un enlace o sobre un botón de un formulario. Gracias a esta función, evitaremos que el enlace nos redireccione al hipervínculo o que el botón dispare la acción por defecto del formulario. De esta forma podemos controlar el flujo de la acción en cualquier evento.

En el ejemplo de código anterior, estamos asociando la función `onClickHandler` al evento `click` en un elemento HTML con el *id* `respuesta` . Esto quiere decir que cuando hagamos clic con el ratón en ese elemento HTML, se ejecutará la función, que en el ejemplo hemos puesto mostrará en la consola la información del evento:

▼ *MouseEvent {}*

```
altKey: false
bubbles: true
button: 0
buttons: 0
cancelBubble: false
cancelable: true
charCode: 0
clientX: 57
clientY: 37
ctrlKey: false
currentTarget: null
dataTransfer: null
defaultPrevented: false
detail: 1
eventPhase: 0
fromElement: null
keyCode: 0
layerX: 57
layerY: 37
metaKey: false
movementX: 0
movementY: 0
```

Mouse Event

```
offsetX: 49
offsetY: 29
pageX: 57
pageY: 37
▶ path: Array[5]
relatedTarget: null
returnValue: true
screenX: 897
screenY: 217
shiftKey: false
▶ sourceDevice: InputDevice
▶ srcElement: div#respuesta
▶ target: div#respuesta
timeStamp: 1442137686643
▶ toElement: div#respuesta
type: "click"
▶ view: Window
webkitMovementX: 0
webkitMovementY: 0
which: 1
x: 57
y: 37
▶ __proto__: MouseEvent
```

Continuación del Mouse Event

Propagación de eventos

Los eventos pueden propagarse hacia arriba en el documento. En el siguiente ejemplo vamos a escuchar el evento click en el elemento header que contiene un h1 y un h2

```
1   <html>
2     <body>
3       <header>
4         <h1>Hola Mundo</h1>
5         <h2>SubHeader</h2>
6       </header>
7     </body>
8   </html>
```

```
1   const header = document.querySelector("header");
2   header.addEventListener("click", function (e) {
3     console.log("Has clickado en " + e.target.nodeName);
4   });
```

Con el manejador creado, se imprimirá en consola el mensaje Has clickado en seguido del nombre del elemento gracias a e.target.nodeName . Si clicamos dentro del h1 nos mostrará Has clickado en H1 y si lo hacemos en el h2 mostrará Has clicado en H2 .

Aunque estemos escuchando el elemento header , tenemos acceso a todos los nodos que se encuentren dentro de él.

Ahora imaginemos que también añadimos un escuchador de eventos al documento raíz document como el siguiente:

```
1   document.addEventListener("click", function (e) {
2     console.log("Has clickado en el documento");
3   });
```

Cuando hagamos *click* en cualquier parte de la página,nos mostrará el mensaje Has clickado en el documento . Pero si clickamos en una parte del header tendremos los dos mensajes por consola:

```
1   Has clickado en el documento
2   Has clickado en H1
```

Si queremos mantener el escuchador en el document pero cuando hagamos clic en header no salte el otro evento, podemos hacer uso de e.stopPropagation() , para evitar que se propague de abajo a arriba.

```
1  header.addEventListener("click", function (e) {
2    console.log("Has clickado en " + e.target.nodeName);
3    e.stopPropagation();
4  });
```

De esta forma si clicamos en h1 o en h2 obtendremos `Has clickado en HX`, y sin que aparezca el evento asociado a `document`.

Tenemos a nuestra disposición numerosos eventos sobre los que podemos actuar. En este enlace[18] tienes la lista completa. Los más utilizados en una aplicación web serían:

```
1  - click, dblclick
2  - change
3  - drag (dragenter, dragend, dragleave, dragover, dragstart,...)
4  - focus
5  - keydown, keyup, keypress,
6  - mouseenter, mouseleave, mouseover, mouseup,...
7  - scroll
8  - submit
9  ...
```

Y a cualquiera de estos eventos, le podemos asociar una función manejadora que realizará lo que programemos.

Patron *PubSub*

Además de los eventos que nos proporciona el DOM, podemos crear los nuestros propios. Esto se le conoce como el patrón *PubSub*. Realizamos una acción y publicamos o emitimos un evento. En otra parte de nuestro código escuchamos ese evento y cuando se produzca realizamos otra acción. Veamos un ejemplo con código.

Vamos a crear un closure llamado `pubsub` donde tendremos 2 funciones, la función `subscribe` donde escucharemos los eventos, y la función `publish` que los publicará.

---

[18]https://developer.mozilla.org/en-US/docs/Web/Events

```
1   const pubsub = (function () {
2     // Este objeto actuará como cola de todos los eventos que se
3     // produzcan. Los guardará con el nombre del evento como clave
4     // y su valor será un array con todas las funciones callback encoladas.
5     const suscriptores = {};
6     function subscribe(event, callback) {
7       // Si no existe el evento, creamos el objeto y el array de callbacks
8       // y lo añadimos
9       if (!suscriptores[event]) {
10        const suscriptorArray = [callback];
11        suscriptores[event] = suscriptorArray;
12        // Si existe, añadimos al array de callbacks la función pasada por
13        // parámetro
14      } else {
15        suscriptores[event].push(callback);
16      }
17    }
18    function publish(event) {
19      // Si el evento existe, recorremos su array de callbacks y los
20      // ejecutamos en orden.
21      if (suscriptores[event]) {
22        suscriptores[event].forEach(function (callback) {
23          callback();
24        });
25      }
26    }
27    return {
28      // Los métodos públicos que devolvemos serán `pub` y `sub`
29      pub: publish,
30      sub: subscribe,
31    };
32  })();
```

Por tanto, para escuchar un evento y realizar una operación asociada, deberemos llamar a `pubsub.sub`, pasarle como primer parámetro el nombre del evento, en este caso le vamos a llamar `miEvento`, seguido de una función manejadora. En este caso simplemente vamos a imprimir por consola que el evento se ha disparado.

```
1   pubsub.sub("miEvento", function (e) {
2     console.log("miEvento ha sido lanzado!");
3   });
```

Para poder lanzar el evento y que posteriormente sea recogido por la función `pubsub.sub`, lo emitimos con la función pubsub.pub pasándole como parámetro el nombre del evento. En este caso miEvento :

```
1  pubsub.pub("miEvento");
```

Esto mostrará en la consola lo siguiente:

```
1  miEvento ha sido lanzado!
```

Patrón Pub/Sub con Datos.

Además de emitir y escuchar el evento, podemos pasar un objeto con datos en la operación, y así utilizarlo a lo largo de nuestra aplicación.

Por ejemplo, queremos que al emitir un evento, poder pasar un objeto de la siguiente manera:

```
1  pubsub.pub("MiEvento", {
2    misDatos: "Estos son mis datos",
3  });
```

Y al escucharlo, poder mostrarlo:

```
1  pubsub.sub("MiEvento", function (e) {
2    console.log("miEvento ha sido lanzado, y contiene: ", e.data.misDatos);
3  });
```

Para lograrlo, debemos modificar un poco la función pubsub creando un objeto dónde almacenaremos los datos que publiquemos. Nuestro clousure pubsub quedaría así:

```
1  const pubsub = (function () {
2    const suscriptores = {};
3    function EventObject() {}
4    function subscribe(event, callback) {
5      if (!suscriptores[event]) {
6        const suscriptorArray = [callback];
7        suscriptores[event] = suscriptorArray;
8      } else {
9        suscriptores[event].push(callback);
10     }
11   }
12   function publish(event, data) {
```

```
13      const eventObject = new EventObject();
14      eventObject.type = event;
15      if (data) {
16        eventObject.data = data;
17      }
18      if (suscriptores[event]) {
19        suscriptores[event].forEach(function (callback) {
20          callback(eventObject);
21        });
22      }
23    }
24    return {
25      pub: publish,
26      sub: subscribe,
27    };
28  })();
```

Y con todo esto, obtendríamos en la consola:

```
1   miEvento ha sido lanzado y contiene  Estos son mis datos!
```

Websockets

Los websockets son una tecnología que permite una comunicación bidireccional (en ambos sentidos) entre el cliente y el servidor sobre un único socket TCP. En cierta manera es un buen sustituto de AJAX como tecnología para obtener datos del servidor, ya que no tenemos que pedirlos, el servidor nos los enviará cuando haya nuevos.

Otra de las ventajas que tiene es el tamaño del mensaje. En un mensaje enviado por HTTP (con GET, POST, etc...) el tamaño de la cabecera pesa alrededor de 100 bytes, y si el mensaje es enviado por websockets, su cabecera tiene un tamaño de 2 bytes, lo que lo hace más ligero y por tanto más rápido.

Uno de los ejemplos más comunes para aprender a utilizar websockets, es desarrollando una aplicación chat. Lo único que necesitaremos para que funcione, es un servidor de websockets, que construiremos en Node.js con la librería Socket.io[19] que nos facilita el desarrollo de aplicaciones utilizando Websockets en el cliente y en el servidor.

Con tres ficheros de pocas líneas tendremos la funcionalidad básica de un chat implementada. Serían por la parte servidor un fichero que llamaremos server/main.js y por la parte cliente, public/main.js y el HTML en public/index.html .

El index.html es muy sencillo:

---

[19]https://socket.io/

```
1   <!DOCTYPE html>
2   <html lang="en">
3     <head>
4       <meta charset="UTF-8" />
5       <title>My Aplicación con Sockets</title>
6       <script src="/socket.io/socket.io.js"></script>
7       <script src="main.js"></script>
8     </head>
9     <body>
10      <h1>My App</h1>
11      <div id="messages"></div>
12      <br />
13      <form onsubmit="return addMessage(this)">
14        <input type="text" id="username" placeholder="Tu Nombre" />
15        <input type="text" id="texto" placeholder="Cuéntanos algo..." />
16        <input type="submit" value="Enviar!" />
17      </form>
18    </body>
19  </html>
```

Simplemente tiene un div con el id messages que es dónde se pintarán los mensajes de chat a través de JavaScript. También tiene un formulario para enviar nuevos mensajes al servidor y al resto de clientes conectados. Como puntualización, fijarse que tenemos el script de Socket.io referenciado, al igual que el de nuestro fichero public/main.js.

Veamos la funcionalidad del lado cliente:

```
1   const socket = io.connect("http://localhost:8080", { forceNew: true });
2   socket.on("messages", function (data) {
3     console.log(data);
4     render(data);
5   });
6   function render(data) {
7     const html = data
8       .map(function (elem, index) {
9         return `<div>
10                  <strong>${elem.author}</strong>:
11                  <em>${elem.text}</em>
12                </div>`;
13       })
14       .join(" ");
15     document.getElementById("messages").innerHTML = html;
16   }
```

```
17  function addMessage(e) {
18    const message = {
19      author: document.getElementById("username").value,
20      text: document.getElementById("texto").value,
21    };
22    socket.emit("new-message", message);
23    return false;
24  }
```

En este archivo, primero de todo, creamos un socket con socket.io conectándolo a nuestro servidor de websockets que tendremos corriendo en `http://localhost:8080` y que veremos en unos momentos.

Dejaremos escuchando a ese socket el evento o mensaje messages con `socket.on('messages')` y a continuación en su función de *callback* lo renderizamos en el HTML.

Para renderizarlo en el HTML hemos creado una función `render(data)`. Esta función simplemente toma los datos que le llegan a través del socket (que será un array de mensajes) y con la función map, los itera y pinta una plantilla HTML con el nombre del autor del mensaje y el texto del mismo.

Como particularidad, para el *String* de salida estamos utilizando una nueva funcionalidad de ECMAScript6 que se llama *Template String* que permite interpolar variables utilizando los operadores `${nombre_variable}` sin necesidad de tener que concatenar *Strings* con el operador más + . También nos permite escribir en varias líneas sin concatenar. Por último, en esta función empleamos el método join para unir los elementos del array con espacios, en lugar de la coma que trae por defecto.

También en este archivo tenemos implementada la función `addMessage` que se dispara cuando pulsamos el botón de submit del formulario de envío de mensajes. Lo que realiza esta función es recoger el valor de los input del formulario, el que tiene el id author y el del id text , para por último enviar por sockets con el mensaje new-message esos datos.

En resumen, nuestra aplicación cliente escucha el evento o mensaje messages para recibir datos y tratarlos, y emite el evento o mensaje new-message para enviar los nuevos. Estos eventos deben estar también implementados en el servidor, y eso es lo que veremos ahora en el fichero server/main.js :

```
1   const express = require("express");
2   const app = express();
3   const server = require("http").Server(app);
4   const io = require("socket.io")(server);
5   const messages = [
6     {
7       text: "Hola soy un mensaje",
8       author: "Carlos Azaustre",
9     },
10  ];
11  app.use(express.static("public"));
12  io.on("connection", function (socket) {
```

```
13    console.log("Alguien se ha conectado con Sockets");
14    socket.emit("messages", messages);
15    socket.on("new-message", function (data) {
16      messages.push(data);
17      io.sockets.emit("messages", messages);
18    });
19  });
20  server.listen(8080, function () {
21    console.log("Servidor corriendo en http://localhost:8080");
22  });
```

Este es un servidor escrito en *Node.js*, y es muy sencillo. En las primeras líneas lo que tenemos son las librerías que estamos importando como son *Express* que es un framework para facilitarnos el crear aplicaciones web en *Node.js*, y *Socket.io* para el tratamiento de los websockets.

Creamos una aplicación Express y un servidor http al que le pasamos la aplicación, seguidamente importamos Socket.io en la variable io y le pasamos el servidor creado. Este será nuestro servidor de websockets.

La variable messages es un array en el que tenemos por ahora un sólo elemento. Aquí almacenaremos los mensajes que se produzcan en el chat. Esto solo es por motivos didácticos. Lo normal sería que los mensajes se almacenaran en una base de datos, pero ahora mismo sería complicar mucho el ejemplo.

Usamos el middleware de Express express.static para indicar a nuestro servidor Node.js cual es la ruta para los ficheros estáticos o la parte cliente de nuestra aplicación, la cual tenemos en la carpeta public.

Ahora ponemos a escuchar a nuestro servidor de websockets con io.on() y le pasamos el mensaje connection. Este mensaje le llegará cuando la aplicación cliente se lance. Dentro de esta función podemos hacer uso de los websockets. En concreto usamos uno para emitir el evento messages y en el cual pasamos el array de mensajes que tenemos almacenados. Esto llegará al cliente que está escuchando este evento.

Después escuchamos el evento que lanza el cliente, el evento new-message con socket.on('new-message') y aquí lo que hacemos es obtener los datos desde el cliente (el objeto mensaje) y añadirlos al array messages con el método push. Seguidamente, emitimos desde un socket a todos los clientes conectados con el método io.sockets.emit un evento messages al que pasamos el array de mensajes. De esta manera todos los sockets o clientes conectados a la aplicación recibirán en tiempo real los datos (es decir, los mensajes del chat) sin necesidad de recargar la página. Si lo hicieramos mediante AJAX tradicional, para ver si hay mensajes nuevos deberíamos recargar la página o disparar un evento ya sea pulsando un botón en el HTML o estableciendo un timeout.

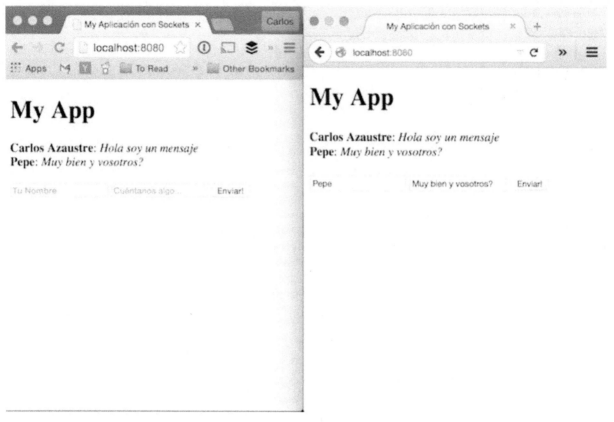

Chat WebSockets

Para este tipo de aplicaciones en tiempo real, como pueden ser un chat, un videojuego, etc... lo conveniente es utilizar websockets.

Promesas

Introducción

Una Promesa en JavaScript, es un objeto que sirve para reservar el resultado de una operación futura.

Este resultado llega a través de una operación asíncrona como puede ser una petición HTTP o una lectura de ficheros, que son operaciones no instantáneas, que requieren un tiempo, aunque sea pequeño, para ejecutarse y finalizar.

Para entender mejor el concepto de Promesas, veremos primero como funciona la *asincronía* en JavaScript con la típica función de *callback*

```
1  function loadCSS(url, callback) {
2    const elem = window.document.createElement("link");
3    elem.rel = "stylesheet";
4    elem.href = url;
5    window.document.head.appendChild(elem);
6    callback();
7  }
8  loadCSS("styles.css", function () {
9    console.log("Estilos cargados");
10 });
```

En este ejemplo tenemos una función llamada loadCSS a la que pasamos una url , presumiblemente que apunte a un fichero .css y una función de callback como parámetros, la función básicamente crea un elemento link y lo añade al final de la etiqueta <head>

Cuando ejecutamos esta función, le pasamos la url de styles.css y una función anónima que será el callback. Lo que hará, será imprimir por la consola Estilos cargados cuando finalice la carga.

Este es un ejemplo básico de una función asíncrona con callbacks. Si queremos reproducir este mismo comportamiento usando Promesas, sería de la siguente manera:

```
1   // Asumamos que loadCSS devuelve una promesa
2   const promise = loadCSS("styles.css");
3   promise.then(function () {
4     console.log("Estilos cargados");
5   });
6   promise.catch(function (err) {
7     console.log("Ocurrió un error: " + err);
8   });
```

Si loadCSS fuese una función asíncrona que devuelve una promesa, la resolveríamos utilizando la función then . Esta función se ejecuta cuando la promesa ha sido resuelta. Si hubiese ocurrido algún error, se ejecutaría la función catch , donde recogemos el error y lo tratamos.

La función la guardamos en la variable promise . Como es posible aplicar "*chaining*", es decir, anidamiento de funciones, podemos escribir la ejecución de la siguiente manera, que es más legible y elegante:

```
1   loadCSS("styles.css")
2     .then(function () {
3       console.log("Estilos cargados");
4     })
5     .catch(function (err) {
6       console.log("Ocurrió un error: " + err);
7     });
```

Pero para que se puedan usar las funciones then y catch , hay que implementar la función loadCSS como una promesa.

Promesas nativas en ES6

A partir de ECMAScript6, no necesitamos importar una librería de terceros. ES6+ trae de forma nativa un nuevo API para Promesas.

Los ejemplos anteriores, implementados con ECMAScript6 serían asi:

```
1   // Para la función loadCSS
2   function loadCSS(url) {
3     const promise = new Promise(function (resolve, reject) {
4       const elem = window.document.createElement("link");
5       elem.rel = "stylesheet";
6       elem.href = url;
7       window.document.head.appendChild(elem);
8       resolve();
9     });
10    return promise;
11  }
12  // Para la función division
13  function division(num1, num2) {
14    const promise = new Promise(function (resolve, reject) {
15      if (num2 == 0) {
16        reject(new Error("Dividir entre cero es Infinito"));
17      } else {
18        resolve(num1 / num2);
19      }
20    });
21    return promise;
22  }
```

Utilizando las *arrow functions* que están disponibles desde ECMAScript 6, el código anterior nos quedaría más reducido funcionando de la misma manera. Veamos cómo:

```
1   function division(url) {
2     const promise = new Promise((resolve, reject) => {
3       if (num2 == 0) reject(new Error("Dividir entre cero es Infinito"));
4       else resolve(num1 / num2);
5     });
6     return promise;
7   }
```

Como puedes ver, nos ahorramos la palabra function y podemos dejar el if-else en un par de líneas. Con la función loadCSS podríamos hacer igual.

No te preocupes si este concepto te parece difícil, porque lo es. Es costoso de comprender, pero a la larga te acabas acostumbrando y lo encuentras cómodo, sobre todo en ES6+ donde ya viene por defecto de forma nativa.

DOM - Document Object model

El DOM es un conjunto de utilidades específicamente diseñadas para manipular documentos XML, y por tanto documentos HTML.

El DOM transforma el archivo HTML en un árbol de nodos jerárquico, fácilmente manipulable.

Los nodos más importantes son:

- **Document**: Representa el nodo ráiz. Todo el documento HTML.
- **Element**: Representa el contenido definido por un par de etiquetas de apertura y cierre, lo que se conoce como un tag HTML. Puede tener como hijos más nodos de tipo Element y también atributos.
- **Attr**: Representa el atributo de un elemento.
- **Text**: Almacena el contenido del texto que se encuentra entre una etiqueta HTML de apertura y cierre.

Recorriendo el DOM

Para poder recorrer el DOM, lo podemos hacer a través de un API JavaScript con métodos para acceder y manipular los nodos. Algunas de estas funciones son:

- `getElementById(id)` : Devuelve el elemento con un `id` específico.
- `getElementsByName(name)`: Devuelve los elementos que un `name` (nombre) específico.
- `getElementsByTagName(tagname)` : Devuelve los elementos con un nombre de tag específico.
- `getElementsByClassName(classname)` : Devuelve los elementos con un nombre de clase específico.
- `getAttribute(attributeName)` : Devuelve el valor del atributo con nombre attributeName
- `querySelector(selector)` : Devuelve un único elemento que corresponda con el `selector` , ya sea por `tag`, `id`, o `class`.
- `querySelectorAll(selector)` : Devuelve un `NodeList` con los elementos que correspondan con la query introducida en `selector`

Manipulando el DOM

De igual manera podemos manipular el DOM con las siguientes funciones

- `createElement(name)` : Crea un elemento HTML con el nombre que le pasemos en el parámetro `name` .
- `createTextNode(text)` : Crea un nodo de texto que puede ser añadido a un elemento HTML.
- `createTextAttribute(attribute)` : Crea un atributo que puede ser añadido posteriormente a un elemento HTML.
- `appendChild(node)` : Nos permite hacer hijo un elemento a otro.
- `insertBefore(new, target)` : Permite insertar un elemento o nodo `new` antes del indicado en `target` .
- `removeAttribute(attribute)` : Elimina el atributo de nombre `attribute` del nodo desde el que se le llama.
- `removeChild(child)` : Elimina el nodo hijo que se indica con `child`
- `replaceChild(new, old)` : Reemplaza el nodo old por el que se indica en el parámetro `new` .

Propiedades de los nodos del DOM

Todos los nodos tienen algunas propiedades que pueden ser muy útiles para las necesidades de nuestros desarrollos:

- `attributes` : Nos devuelve un objeto con todos los atributos que posee un nodo.
- `className` : Permite setear o devolver el nombre de la clase (para CSS) que tenga el nodo si la tiene.
- `id` : Igual que `className` pero para el atributo id
- `innerHTML` : Devuelve o permite insertar código HTML (incluyendo tags y texto) dentro de un nodo.
- `nodeName` : Devuelve el nombre del nodo, si es un `<div>` devolverá `DIV` .
- `nodeValue` : Devuelve el valor del nodo. Si es de tipo `element` devolverá `null` . Pero por ejemplo, si es un nodo de tipo texto, devolverá ese valor.
- `style` : Permite insertar código CSS para editar el estilo.
- `tagName` : Devuelve el nombre de la etiqueta HTML correspondiente al nodo. Similar a `nodeName`, pero solo en nodos de tipo tag HTML.
- `title` : Devuelve o permite modificar el valor del atributo `title` de un nodo.
- `childNodes` : Devuelve un `NodeList` con los nodos hijos del nodo desde el que se llama.
- `firstChild` : Devuelve el primer hijo.
- `lastChild` : Devuelve el último hijo.
- `previousSibling` : Devuelve el anterior "hermano" o nodo al mismo nivel.
- `nextSibling` : Devuelve el siguiente "hermano" o nodo al mismo nivel.
- `ownerDocument` : Devuelve el nodo raiz donde se encuenta el nodo desde el que se llama.
- `parentNode` : Devuelve el nodo padre del nodo que se llama.

Vemos a continuación un ejemplo de código que utilice varias cosas de las que hemos visto en teoría:

```
1  const newElem = document.createElement("div");
2  newElem.id = "nuevoElemento";
3  newElem.className = "bloque";
4  newElem.style = "backgroundColor:red; width:200px; height:200px";
5  const body = document.querySelector("body");
6  body.appendChild(newElem);
```

```
1  <!-- Resultado: -->
2  <body>
3    <div
4      id="nuevoElemento"
5      class="bloque"
6      style="background-color:red; width:200px; height:200px"
7    ></div>
8  </body>
```

Este ejemplo lo que hace es crea un elemento div con un id de nombre nuevoElemento , una clase bloque y un estilo CSS que define un color de fondo red (rojo) y un ancho y alto de 200px.

Todo el API del DOM nos permite cualquier modificación y edición de elementos HTML, de forma que dinámicamente, por ejemplo por medio de eventos, podemos modificar el aspecto y funcionalidad del documento HTML que estamos visualizando.

Qué trajo nuevo ECMAScript v6+

ECMAScript v6 fue la nueva versión que cambió el estándar que rige el lenguaje JavaScript. Como te hablé en el primer capítulo sobre la historia de JavaScript, la versión que estuvimos empleando hasta ese momento en los navegadores fue la de *ECMAScript 5.1*.

La nueva versión también es llamada *ES6* para simplificar o *ECMAScript 2015* (o *ES2015*) para dejar claro el año de su aprobación.

Fue la versión que más cambios introdujo. A partir de ese momento, cada año se introduccen nuevas funcionalidades y se llama según el año de aprobación, por tanto ES7 es también ES2016, ES8 es ES2017, etc.. hasta ES12 correspondiente a ES2021 que será aprobada en Junio de 2021.

También se denomina *ESNext* o *ES6+*, para referirnos a todo lo posterior a *ECMAScript 5.1*.

Todas las novedades hicieron que el lenguaje se parezca más a otros tipo *Python* o *Java* para así atraer a programadores de diferentes stacks. En este capítulo te muestro las más importantes:

Función Arrow

Este tipo de funciones nos permite simplificar sobretodo las típicas funciones callback y/o anónimas. Por ejemplo, imagina el siguiente código bastante habitual en JavaScript:

```
1  const datos = [4, 8, 15, 16, 23, 42];
2  datos.forEach(function (num) {
3    console.log(num);
4  });
```

Con ES6+ y las funciones arrow => podemos ahorrarnos escribir la palabra function y también tendremos *bindeado* o enlazado el objeto this que anteriormente teníamos que hacerlo de forma manual.

En ES6+ esta sería la traducción:

```
1  const datos = [4, 8, 15, 16, 23, 42];
2  datos.forEach((num) => {
3    console.log(num)
4  }
```

De hecho, si la función tiene un sólo parámetro, podemos ahorrarnos el paréntesis, quedando así:

```
1  const datos = [4, 8, 15, 16, 23, 42];
2  datos.forEach(num => {
3    console.log(num);
4  });
```

E incluso se puede aún simplificar más, ya que la función de callback sólamente tiene una línea podemos prescindir de las llaves y dejarlo todo en una única línea:

```
1  const datos = [4, 8, 15, 16, 23, 42];
2  datos.forEach(num => console.log(num));
```

Por supuesto, podemos utilizar las *Arrow Functions* al definir funciones, no únicamente en los callbacks. Por ejemplo:

```
1  // ES5
2  const saludar = function () {
3    console.log("Hola Mundo!");
4  };
5  // ES6+
6  const saludar = () => console.log("Hola Mundo!");
```

Objeto `this`

Como comentaba anteriormente, con las funciones *arrow* es más fácil y comprensible enlazar el objeto `this`.

¿Cómo funciona el objeto `this`?

Veámoslo con un ejemplo, cuando estamos en una función, tenemos un contexto. Si dentro de ésta función, tenemos otra función, el contexto será diferente. `this` hace referencia al contexto en el que nos encontamos, por tanto el `this` de la primera función, no será el mismo `this` que el de la función interna.

En el siguiente código, el objeto `obj` tiene un contexto, que es `this`. En él podemos acceder a la función `foo()` y `bar()`. Dentro de `bar()` si queremos acceder al objeto `this` anterior, no podemos simplemente llamar a `this.foo()` porque no lo reconocerá, ya que `this` en esa función tiene una referencia diferente. Y aún más cuando realizamos la llamada a `document.addEventListener` y dentro de la función de callback queremos llamar a `this.foo`.

Para conseguir eso, hay varias estrategias, dependiendo de la versión de JavaScript que estemos utilizando. En el primer código empleamos la versión 3 de ECMAScript. Entonces la única alternativa que tenemos es cachear el objeto `this` en otra variable (Por ejemplo `that`) y utilizarlo cuando queramos:

```
1   // ES3
2   var obj = {
3     foo : function() {...},
4     bar : function() {
5       var that = this;
6       document.addEventListener("click", function(e) {
7         that.foo();
8       });
9     }
10  }
```

En la versión 5.1 de ECMAScript, tenemos a nuestra disposición el método bind que permite *enlazar* el contexto que le pasemos, en este caso this . De esta manera tenemos el mismo comportamiento que en el código anterior pero de una forma más elegante sin tener que cachear variables. Solo hay que emplear el método bind en la función en la que queramos usar el objeto.

```
1   // ES5
2   var obj = {
3     foo : function() {...},
4     bar : function() {
5       document.addEventListener("click", function(e) {
6         this.foo();
7       }.bind(this));
8     }
9   }
```

Y por último, en ECMAScript 6, haciendo uso de la funciones *Arrow* ya no es necesario hacer nada más. El enlace al objeto this va implícito.

```
1   // ES6+
2   var obj = {
3     foo : function() {...},
4     bar : function() {
5       document.addEventListener("click", (e) => this.foo());
6     }
7   }
```

Template Strings

Una nueva forma de imprimir *Strings* interpolando datos variables sin necesidad de tener que concatenar varios textos. Cuando antes hacíamos algo como esto:

```
1  // ES5
2  var dato1 = 1;
3  var dato2 = 2;
4  console.log("La suma de " + dato1 + " y de " + dato2 + " es " + dato1 + dato2);
```

Ahora lo podemos hacer más fácil utilizando el acento \ y el operador ${}' para encapsular las variables:

```
1  // ES6+
2  const dato1 = 1;
3  const dato2 = 2;
4  console.log(`La suma de ${dato1} y de ${dato2} es ${dato1 + dato2}`);
```

También nos permite imprimir strings multilínea sin necesidad de concatenar. Lo que antes era así:

```
1  // ES5
2  var template =
3    "<div>" +
4    "<ul>" +
5    "<li>Item 1</li>" +
6    "<li>Item 2</li>" +
7    "<li>Item 3</li>" +
8    "</ul>" +
9    "</div>";
```

Con ECMAScript 6+ lo podemos escribir de una manera más rápida utilizando el acento \' al inicio del *String* y al final, insertando todos los saltos de línea deseados, en lugar de las comillas dobles o simples para escribirlo:

```
1  // ES6
2  const template = `<div>
3    <ul>
4      <li>Item 1</li>
5      <li>Item 2</li>
6      <li>Item 3</li>
7    </ul>
8  </div>`;
```

let **y** const

Ahora podemos declarar variables con la palabra reservada let además de var para definirla únicamente dentro de un bloque. Ya que con var , si la variable no estaba definida dentro de un *Closure* , quedaba definida de manera global:

```
1  //ES5
2  (function () {
3    console.log(x); // x no está definida aún.
4    if (true) {
5      var x = "hola mundo";
6    }
7    console.log(x);
8    // Imprime "hola mundo", porque "var" hace que sea global
9    // a la función;
10 })();
11
12 //ES6+
13 (function () {
14   if (true) {
15     let x = "hola mundo";
16   }
17   console.log(x);
18   //Da error, porque "x" ha sido definida dentro del bloque "if"
19 })();
```

Módulos

Desde hace mucho se *pedía a gritos* un sistema de módulos que hiciera de JavaScript un lenguaje más potente y manejable. Con *Node.js* podemos importar módulos con la función `require('nombre_-del_modulo')` y gracias a *Browserify* podemos usar esa misma técnica con la parte cliente.

También teníamos alternativas como *RequireJS* e incluso el framework *AngularJS* trae su propio sistema modular.

Sin embargo no existía ninguna forma nativa de utilizar módulos. Ahora con ECMAScript6 y posteriores por fin es posible.

Exportándo e importando módulos

Para exportar un módulo y que este sea visible por el resto de la aplicación, lo hacemos con la expresión `export nombre_del_modulo` . Veamos un ejemplo:

```
1  class Coche {
2    constructor(nombre, tipo) {
3      this.nombre = nombre;
4      this.tipo = tipo;
5    }
6    arrancar() {
7      console.log(`Arrancando el ${this.nombre}`);
8    }
9  }
10 export default Coche;
```

Como únicamente tenemos una clase o función en este fichero, lo podemos exportar con `default`. De esta manera si en otra parte de la aplicación queremos importarlo lo podemos hacer como el siguiente ejemplo:

```
1  import Coche from "./coche";
2  let ford = new Coche("Ford", "5 puertas");
3  ford.arrancar(); // Arrancando el Ford
```

En cambio, si en un mismo fichero tenemos varias funciones o clases que exportar, no podemos utilizar `default` si no que habría que exportarlo como en el siguiente ejemplo:

```
1  function caminar () { ... }
2  function correr () { ... }
3  export { caminar, correr }
```

Y para importarlos desde otro fichero, el `import` cambia un poco:

```
1  import { caminar, correr } from "./modulo";
```

ES6+ trajo muchas más novedades, pero se escapan del ámbito de este libro. Poco a poco los navegadores web van incluyendo nuevas funcionalidades, pero sin lugar a dudas, la mejor manera de utilizarlo hoy en día es con el transpilador **Babel** para hacer uso de todas las novedades que nos proporcionen las nuevas verisiones del estándar.

Cómo utilizar lo más nuevo de JavaScript, hoy.

¿Cómo podemos empezar a utilizarlo hoy en día?.

Lo primero y más recomendable es que te instales la última versión del navegador *Chrome*, que es uno de los que está implementando las nuevas features de ECMAScript más rápidamente. Te aconsejo incluso que instales *Chrome Canary*, que es la versión de *Chrome* que prueba funcionalidades antes de lanzarlas en el *Chrome* original.

Para probar directamente código *ESNext* en la consola de tu navegador. Escribe en la barra de direcciones `chrome://flags` y tendrás una página como ésta:

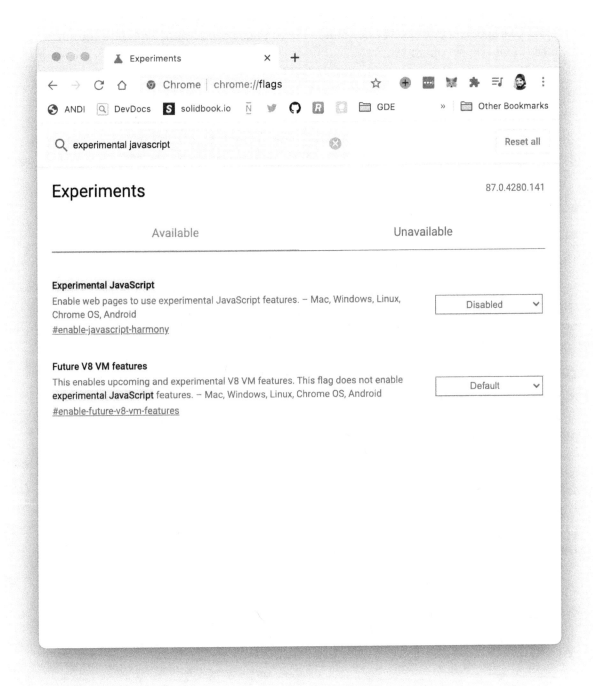

Chrome Flags

Y activar el flag **Enable Experimental JavaScript**.

Esto te permitirá probar algunas features pero no todas porque aún están en desarrollo.

La otra opción y más utilizada hasta el momento es utilizar un transpiler como es el caso de Babel[20] (Conocido en sus inicios como *6to5*).

Para poder utilizarlo necesitas tener instalado *Node.js* en tu equipo. Lo puedes descargar desde su web oficial[21]. Después, con el gestor de paquete de node, npm podemos instalarlo de forma global desde la terminal con el comando:

```
1   $ npm install -g babel-cli
```

Y utilizarlo es muy simple. Si tenemos un archivo con código en ES6 y queremos transformarlo a ES5, sencillamente con el siguiente comando generaremos un fichero .js con las instrucciones en ES5:

```
1   babel archivo_es6.js -o archivo_final.js
```

archivo_final.js tendrá el código en el estándar que entienden la mayoría de los navegadores.

A partir de la versión 6 de Babel, este fue modificado y dividido en varios módulos, si queremos utilizar todo lo que trae ES6+ tenemos que instalar en nuestro proyecto el módulo babel-preset-es2015 o babel-preset-2020 que es el más actual al momento de escribir este libro, e incluirlo en un fichero .babelrc o dentro del package.json con las dependencias del proyecto.

Por ejemplo, un fichero package.json de un proyecto tipo sería así:

```
1   {
2     "name": "proyecto",
3     "description": "Ejemplo de proyecto ES6",
4     "version": "1.0.0",
5     "scripts": {
6       "build": "babel src -d build"
7     },
8     "devDependencies": {
9       "babel-cli": "^6.0.0",
10      "babel-preset-es2020"
11    },
12    "babel": {
13      "presets": [
14        "es2020"
15      ]
16    }
17  }
```

---

[20]https://babeljs.io/
[21]https://nodejs.org/en/download/

En este fichero hemos definido también un script de `npm` , con lo que cuando corramos el comando `npm run build` se ejecutará `babel src -d build` que lo hace es ejecutar *Babel* en un directorio llamado `src` y transpilar todos los archivos y dejarlo en otra carpeta llamada `build` .

Y para que Babel utilice el *preset* de `es2020` lo hemos definido en un objeto `babel` dentro del `package.json` dentro del array `presets` , ya que Babel tiene muchos *plugins y presets* más, como `react` , ES7 experimental, etc...

Aunque la opción más recomendada, es utilizar el preset `babel-preset-env`, ya que es un conjunto "inteligente" que nos permite usar las últimas novedades sin necesidad de indicar el preset de la última versión ni "micro-gestionar" transformaciones, ni usar *polyfills* necesarios para los entornos objetivo que vayamos a dar soporte.

Para indicar que transformaciones debe hacer, tenemos que hacer uso de *browserlist* para indicar las versiones de los navegadores a las que queremos dar soporte. Con eso, el *preset* hará su magia, importando solo los *plugins* y *presets* necesarios.

Ejemplo de uso:

```
// .babelrc
{
  "presets": [
    [
      "@babel/preset-env",
      {
        "useBuiltIns": "entry"
      }
    ]
  ]
}
```

```
// .browserlistrc
> 0.25%
not dead
```